MARCO POLO

Kenia

Reisen mit Insider Tipps

Diesen Führer schrieb Helmut Grosse. Er lebte neun Jahre in Nairobi und berichtete als Fernsehkorrespondent der ARD aus Afrika.

www.marcopolo.de
Infos zu den beliebtesten Reisezielen im Internet, siehe auch Seite 98

MAIRS GEOGRAPHISCHER VERLAG

SYMBOLE

Marco Polo Insider-Tipps:
Von unserem Autor für Sie entdeckt

Marco Polo Highlights:
Alles, was Sie in Kenia kennen sollten

Hier haben Sie eine schöne Aussicht

Wo Sie junge Leute treffen

PREISKATEGORIEN

Hotels		Restaurants	
€€€	über 150 Euro	€€€	über 30 Euro
€€	100–150 Euro	€€	15–30 Euro
€	unter 100 Euro	€	unter 15 Euro

Die Preise gelten für eine Übernachtung von zwei Personen im DZ mit Frühstück. Die meisten Lodges in den Parks sind nur mit Vollpension buchbar.

Die Preise gelten für ein Essen mit Vor-, Haupt- und Nachspeise, ohne Getränke.

KARTEN

[108 A1] Seitenzahlen und Koordinaten für den Reiseatlas Kenia

[U A1] Koordinaten für die Nairobi-Karte im hinteren Umschlag

[O] außerhalb des Kartenausschnitts

Zu Ihrer Orientierung sind auch die Orte mit Koordinaten versehen, die nicht im Reiseatlas eingetragen sind.

GUT ZU WISSEN

Wem gehört die Masai Mara? **11** · Kenianische Spezialitäten **20**
Mit Sicherheit **42** · Der »Berg des bösen Geistes« **63**
Begehrte Beute **73** · Kenia literarisch **80**

INHALT

Die wichtigsten MARCO POLO Highlights

Sehenswürdigkeiten, Orte und Erlebnisse, die Sie nicht verpassen sollten

1 **Karen-Blixen-Museum**
Das Haus der dänischen Baronin am Fuße der Ngong-Berge bei Nairobi diente als Kulisse für den Film »Out of Africa« (Seite 37)

2 **Nairobi National Park**
Auf Safari vor den Toren Nairobis: Giraffen und Nashörner vor der Skyline der kenianischen Metropole (Seite 37)

3 **Diani Beach**
Schneeweißer Traumstrand unter Palmen am Indischen Ozean (Seite 44)

4 **Lamu**
Auf der ehemaligen Sklaveninsel im Indischen Ozean scheint die Zeit stehen geblieben zu sein (Seite 47)

5 **Tamarind**
Das Restaurant in Mombasa gilt als erste Adresse für Fischliebhaber und andere Feinschmecker (Seite 55)

6 **Amboseli**
Nationalpark vor der eindrucksvollen Kulisse der schneebedeckten Gipfel des Kilimandscharo (Seite 60)

7 **Masai Mara**
Der Nationalpark mit der größten Wahrscheinlichkeit, die »Big Five« zu sehen (Seite 63)

Elefanten im Tsavo-Nationalpark

Wolkendecke am Mount Kenya

8 Tsavo West
Der Nationalpark mit dem Panoramablick auf Mount Kenya und Kilimandscharo, die beiden höchsten Berge Afrikas (Seite 65)

9 Aberdares
Einmalige Fauna und Flora, spektakuläre Wasserfälle, Hochmoore und undurchdringliche Wälder (Seite 68)

10 Kamelsafari
Wo kein Geländewagen weiterkommt, geht es auf dem Kamelrücken durch ein nahezu unberührtes Kenia (Seite 69)

11 Samburu National Reserve
Abenteuer Einsamkeit – ein wildreiches Tierschutzgebiet in der Abgeschiedenheit von Kenias Norden (Seite 70)

12 Lake Bogoria
Wo die Erde noch nicht zur Ruhe gekommen ist: ein Sodasee, Flamingos und heißes Wasser speiende Geysire (Seite 72)

Diani Beach am Indischen Ozean

13 Lake Nakuru
Das Vogelparadies. Wenn man Glück hat, sieht man hier eine der größten Flamingokolonien der Welt (Seite 74)

14 Mount Kenya
Das Wahrzeichen Kenias ist eine Herausforderung für Gipfelstürmer und Fotografen (Seite 74)

15 Kisite-Mpunguti National Marine Park
In diesem Paradies für Schnorchler und Taucher ist die Unterwasserwelt des Indischen Ozeans noch heil (Seite 91)

★ *Die Highlights sind in der Karte auf dem hinteren Umschlag eingetragen*

Entdecken Sie Kenia!

Badeurlaub am Indischen Ozean, auf Fotopirsch zwischen Büffeln und Elefanten, an der Wiege der Menschheit

Alles, was ich mir wünschte, war nach Afrika zurückzukommen. Wir hatten es noch nicht einmal verlassen – und doch war ich, wenn ich nachts wach lag und lauschte, schon heimwehkrank.« So schrieb einst Ernest Hemingway in seinem Buch »Die grünen Hügel Afrikas«. Ein halbes Jahrhundert ist seitdem vergangen, vieles hat sich in Ostafrika verändert, geblieben ist die Faszination der Landschaft. Kenia, das bedeutet endlose Weiten – Savannen, über die noch immer riesige Büffel- und Elefantenherden ziehen, wo noch immer Löwenrudel jagen –, eine über 400 km lange tropische Küste mit weißen Stränden, türkisfarbenem Wasser und beschaulichen Inseln sowie im Landesinneren schneebedeckte Berggipfel, tropischer Regenwald, erloschene Vulkane, aktive Geysire, sonnendurchglühte Wüsten.

Nomaden im Samburu-Land

Kenia, das ist ein Land der Gegensätze. Auf einer Fläche von 582 646 km^2 (Deutschland zum Vergleich: 357 020 km^2) finden sich nahezu alle Klima- und Vegetationszonen der Tropen: ein regenreicher und fruchtbarer Küstenstreifen am Indischen Ozean, Farmland im Zentralen Hochland, unverfälschte Bergwälder und Kraterseen in den Aberdares und im Marsabit-Nationalpark; alpine Hochtäler und Gletscher am Mount Kenya, eine Mondlandschaft aus verwittertem Lavagestein am Ufer des größten sodahaltigen Sees der Welt, des Lake Turkana, die Chalbi- und Koroli-Wüste östlich des Sees, die Kaisut-Wüste südlich von Marsabit. Vorherrschend im Landschaftsbild ist die Savanne: Grassteppen, bewachsen mit Dornenbüschen und Schirmakazien, dazwischen Flusslandschaften mit Galeriewäldern am Ufer. Und mit einer einmaligen Tierwelt: Löwen, Büffel, Elefanten, Gnus, Zebras, Hyänen, Leoparden,

Shanzu Beach – nur einer von vielen Bilderbuchstränden am Indischen Ozean

Geschichtstabelle

2–3 Millionen v.Chr.
Am Turkana-See leben Hominiden, Vorfahren des Menschen

500 v.Chr.–1000 n.Chr.
Bantu-Stämme und nilotische Völker siedeln sich im Gebiet des heutigen Kenia an

12.–15. Jh.
Blütezeit der Swahili-Kultur. Malindi und Mombasa sind städtische Handelszentren

1498 Vasco da Gama landet in Malindi

1593–96 Portugiesen errichten das Fort Jesus in Mombasa

1699 Die Omanis erobern Mombasa – Ende der portugiesischen Herrschaft an der ostafrikanischen Küste

18. und 19. Jh.
Höhepunkt des Sklavenhandels

1846 Erste Missionare landen in Mombasa. Die Deutschen Rebmann und Krapf »entdecken« den Kilimandscharo (1848) und den Mount Kenya (1849)

1904 Das fruchtbare Hochland wird zum »Land des weißen Mannes« erklärt. Afrikaner verlieren alle Rechte an ihrem Boden

1920 Das Protektorat Ostafrika wird britische Kronkolonie und erhält den Namen »Kenya«

1952–60 Die britische Regierung verhängt den Ausnahmezustand. Mau-Mau-Aufstand

1963 Kenia wird unabhängig, Jomo Kenyatta erster Präsident des Landes

1978 Tod Kenyattas. Nachfolger wird Daniel arap Moi

1982 Ein Putschversuch gegen die Regierung Moi scheitert. Einschränkung der Rede-, Presse- und Versammlungsfreiheit

1991 Eine Verfassungsänderung beendet das Einparteiensystem. Die Oppositionsbewegung FORD wird gegründet

1992 Zum ersten Mal seit 26 Jahren finden freie Parlamentswahlen statt. Die zerstrittenen Oppositionsparteien verlieren. Präsident Moi gewinnt wiederum die Präsidentschaftswahlen.

1998 Bombenanschlag auf die US-Botschaft in Nairobi, verübt wahrscheinlich von ausländischen islamischen Fundamentalisten

2002 Ende der Ära Moi. Eine »Regenbogen«-Koalition gewinnt Parlaments- und Präsidentschaftswahlen. Reibungslose Machtübergabe an den neuen Präsidenten Mwai Kibaki. Die Terrororganisation Al Kaida bekennt sich zu Anschlägen auf eine israelische Chartermaschine und ein Hotel in Mombasa

Mount Kenya – von ewigem Schnee bedeckte Gipfel in Äquatornähe

Geparden, Gazellen, Nashörner, Warzenschweine, Flusspferde.

Quer durch Kenia, von Norden nach Süden, zieht sich eine geologische Besonderheit: der Ostafrikanische Graben, das Rift Valley, durch eine Aufwölbung der Erdkruste vor Millionen Jahren entstanden. Auf der Grabensohle reiht sich eine Kette von Seen: Turkana, Baringo, Nakuru, Elmenteita, Naivasha, Magadi und Lake Bogoria. Vogelparadiese die meisten, doch berühmt ist vor allem der von Hunderttausenden von Flamingos bevölkerte Nakuru-See.

Mit dem Grabenbruch und den gewaltigen vulkanischen Eruptionen entstanden die höchsten Berge Kenias, der Mount Kenya (5199 m), dessen Gipfel auf Grund klimatischer Veränderungen wohl nicht mehr lange von ewigem Schnee bedeckt sein wird, und die Aberdares, eine reizvolle Berglandschaft mit Bambuswäldern und Hochmooren.

» *Weite, weiße Sandstrände, von Palmen gesäumt* «

Die meisten Regionen sind touristisch erschlossen. Die Unterkünfte reichen vom Luxushotel über komfortable Lodges, wie die Hotels in den Nationalparks genannt werden, bis zu einfachen Zeltcamps und Hütten für Selbstversorger. Wer Sonne, Strand und Erholung sucht, der ist bestens an der Küste aufgehoben, an den Gestaden des Indischen Ozeans: weite, weiße Sandstrände, von Palmen gesäumt, die sich in der sanften Brise wiegen.

Für Aktive bieten sich Sportmöglichkeiten aller Art: Hochseefischen, Tauchen, Schnorcheln, Surfen, Segeln, Tennis, Golf. Wer lieber auf Entdeckungsreise geht, für den beginnt das Abenteuer jenseits der Küste, im Landesinneren: auf Fotopirsch in den Nationalparks und Wildreservaten, im Amboseli, in der Masai Mara, dem Tsavo. Die Chancen, die »Big Five« vor das Objektiv zu bekommen, sind groß: Elefanten, Büffel, Löwen, aber auch Nashörner und, mit Glück, Leoparden. Wer Entdeckerfreuden nicht im Safaribus mit anderen teilen möchte, kann eine Safari im klassischen Stil buchen. Wer es lieber knochenhart und preiswert mag, für den empfehlen sich Safaris im umgebauten LKW zu den Sodaseen, in die Wildreservate und Nationalparks, bis in die Wüsten im Norden. Übernachtet wird im einfachen Zelt. Eine Einschränkung gilt allerdings zurzeit: Von Safaris auf eigene Faust, also im Geländewagen ohne Fahrer, ist abzuraten. Zum einen sind die Preise für zuverlässige Wagen in phantastische Höhen geschnellt – ein geländegängiger Pajero etwa kostet für eine Woche an die 1500 Euro –, zum anderen besteht ein erhöhtes Sicherheitsrisiko. Die Kriminalität hat in Kenia erheblich zugenommen. Auch wenn die Regierung umfangreiche Maßnahmen ergriffen hat, um die Sicherheit der Touristen zu gewährleisten, ist es wiederholt zu Zwischenfällen gekommen.

»Elefanten, Löwen, Büffel, Nashörner«

So vielfältig wie die Landschaft ist auch die Bevölkerung Kenias. Die über 31 Mio. Menschen gehören über vierzig Völkern unterschiedlicher Kultur- und Sprachfamilien an. Wer sich für die Geschichte Kenias interessiert, wird in Mombasa, vor allem aber auf der Insel Lamu die Spuren einer einst blühenden Swahili-Kultur finden, die Zeugnisse vergangener Größe reicher Stadtstaaten. Im Norden Kenias, am Turkana-See, liegen prähistorische Fundstätten. Weltweites Aufsehen erregte der Schädelfund eines Homo erectus, der vor wahrscheinlich 1,6 Mio. Jahren am Ufer des Sees lebte. Wissenschaftler vermuten am Lake Turkana die »Wie-

Elefanten an einem Wasserloch im Nationalpark Tsavo West

Wem gehört die Masai Mara?

Eines der letzten Wildparadiese ist in Gefahr

Der Schutz und Erhalt auch dieses Nationalreservats ist für Kenia in erster Linie ein Kostenfaktor. Es ist Land, das weder bebaut noch landwirtschaftlich genutzt werden kann. Sind Elefanten wichtiger als Menschen? So fragen die Masai, die Weideplätze brauchen. Touristen aber wollen Großwild sehen und keine Rinder. 200 000 Besucher jährlich hinterlassen Spuren. Pisten und Infrastruktur intakt zu halten ist kostspielig. Deshalb hat die Regierung einem Experiment zugestimmt. Anders als in den anderen Parks, in denen der halbstaatliche Kenya Wildlife Service verantwortlich ist, hat ein Privatunternehmen das Management des Masai-Mara-Reservats übernommen. Naturschutz ja, aber nur, wenn er Einnahmen bringt.

ge der Menschheit«. Schon im 9. Jh. hatten die Kalifen von Bagdad an der Küste Niederlassungen gegründet. Lange bevor die ersten Europäer Fuß auf ostafrikanischen Boden setzten, waren Malindi, Mombasa und Lamu blühende Handelszentren. Schiffe aus China, Ceylon, Indien und Persien gingen mit Seide, Brokat, Glas und Porzellan an Bord vor Anker und stachen mit Elfenbein und Sklaven wieder in See. 1498 kreuzte der Portugiese Vasco da Gama auf. Ein Jahrhundert portugiesischer Herrschaft begann. Mit den Schiffen der Eroberer kamen Gottesmänner und Missionare, Entdecker und Abenteurer, Kaufleute und Soldaten. Sie alle haben ihre Spuren hinterlassen. 1886 entdeckten die Briten ihre Neigung zu Ostafrika. Kenia wurde Kronkolonie. Mit den Engländern kamen Zehntausende von Indern ins Land, billige Arbeitskräfte für den Bau der Eisenbahnlinie von Mombasa nach Uganda.

» An der Wiege der Menschheit «

Der »Wind des Wechsels«, der in den 1960er-Jahren Afrika erfasste, brachte auch Kenia 1963 die Unabhängigkeit. Noch prägt die koloniale Vergangenheit die Gegenwart. Kenia ist in den letzten Jahren in wirtschaftliche und politische Turbulenzen geraten. Korruption, Verarmung und ein beängstigender Anstieg der Kriminalität, dazu ein Staatschef, Daniel arap Moi, der fast ein Vierteljahrhundert an der Macht klebte und das Land mit harter Hand regierte, und schließlich Aids – das alles hat Kenia in Schwierigkeiten gebracht. Unruhen während der Wahlen 1997 an der Küste, vor allem aber zwei Anschläge der Terrororganisation Al Kaida in Mombasa 2002 haben die Zahl ausländischer Besucher drastisch sinken lassen. Hoffnung macht der 2002 erfolgte Wechsel an der Regierungsspitze, der zu einer spürbaren Besserung des innenpolitischen Klimas geführt hat.

Eine Safari durch Kenia

Exotische Vielfalt bei den Menschen, ihren Sprachen und Dialekten. Mehr über Kikuyus, Chai und das Matatu

Aids

Mehr als 20 Mio. Afrikaner sind bisher der Seuche zum Opfer gefallen, 29,4 Mio. sind infiziert. In Kenia wurde der erste Aidstote 1984 registriert. Seitdem – so eine Schätzung der Weltgesundheitsorganisation – sind 1,5 Mio. Kenianer an Aids gestorben, ist die Zahl der Infizierten auf heute 2,5 Mio. gestiegen, die der Aidswaisen auf fast 1 Mio. Bluttests in den Vergnügungsvierteln der Küstenstädte Malindi und Mombasa haben ergeben, dass 75 bis 80 Prozent der Prostituierten HIV-positiv sind.

Bevölkerung

Kenias Bevölkerung ist ein Gemisch aus mehr als 40 ethnischen Gruppen mit mindestens 30 Sprachen und noch mehr Dialekten. Kiswahili ist die offizielle Amtssprache, aber ein Kenianer auf Reisen innerhalb des Landes hat es nicht immer leicht, sich mit seinen Landsleuten zu verständigen. Die größte Gruppe, etwa ein Fünftel, stellen die Kikuyu. Ihr Stammesgebiet ist die Region um den Mount Kenya. Danach kommen, mit etwa 14 Prozent, die Luhya. Sie leben im Hochland nördlich des Victoria-Sees. Der Urlauber am Indischen Ozean wird zumeist Angehörige der Giriama kennen lernen, eine Minderheitengruppe der Küstenbevölkerung.

Die »Exoten« unter Kenias Bevölkerung sind die Masai, Nachkommen eines stolzen Kriegervolks. Ihre Großväter zogen noch über die Steppen Ostafrikas. Im ewigen Eis des Kilimandscharo ist der Sitz ihres Gottes Ngai. Und es ist ihre Überzeugung, dass Ngai ihnen allein alle Rinder der Erde zugedacht hat. Die weißen Siedler vertrieben sie 1930 aus dem fruchtbaren Hochland und drängten sie ab in den trockenen Norden und in die Gegend des Ostafrikanischen Grabens. Heute gibt es nicht mehr genug Weideland für ihr Vieh, sie sind vor die Alternative gestellt, sich anzupassen oder endgültig ins Abseits zu geraten. Ein Problem, das alle Nomaden Kenias betrifft. Sie stellen etwa ein Fünftel der Bevölkerung. Ihr Lebensraum ist vor allem der Norden und Osten des Landes, landwirtschaftlich nicht nutzbare Trockengebiete, Halbwüsten und Wüsten.

Kenias Bevölkerung setzt sich aus vielen verschiedenen ethnischen Gruppen zusammen

Frauen

Die Männer tragen die Verantwortung, die Frauen die tägliche Bürde. Das gilt für die Mehrzahl der Kenianerinnen, insbesondere auf dem Land. Sie sind von einer Gleichstellung weit entfernt. Zwar spielte das »schwache« Geschlecht in den Jahren des Unabhängigkeitskampfes in der Mau-Mau-Bewegung eine starke Rolle. Doch nach der Unabhängigkeit durften die Frauen wieder an den Herd zurückkehren. Kenias Frauen kümmern sich um die Ernährung und Erziehung der Kinder, sie bestellen das Feld, wenn der Mann in der fernen Stadt – zumeist vergebens – sein Glück als Gelegenheitsarbeiter versucht. Sie verdienen das Haushaltsgeld auf den Märkten. Die Männer entscheiden zwar darüber, wie viele Frauen sie heiraten – nach Schätzungen sind auch heute noch ein Drittel aller Ehen polygam –, wann und wie viele Kinder gezeugt werden, aber ohne die Lebenstüchtigkeit der Frauen wäre vieles im Lande schlechter bestellt. Außerhalb des Hauses sind Kenias Frauen immer noch unerwünscht. An der Universität z. B. stellen sie nur knapp ein Drittel der Studenten. In Kabinett und Parlament sind die Herren der Schöpfung weitgehend unter sich. Doch Wandel deutet sich an: 1997 kandidierte erstmals eine Frau für das Amt des Präsidenten: Charity Kaluki Ngilu. Auch wenn sie damals verlor, nach der Wahl 2002 zog sie zusammen mit zwei weiteren Frauen ins Kabinett der neuen Regierung ein.

Inder

Im Straßenbild der großen Städte, vor allem in Mombasa, Kisumu und Nairobi, sind sie nicht zu übersehen. *Asians* heißen sie im kenianischen Sprachgebrauch. Viele sind Nachkommen jener »Gastarbeiter«, die unter britischer Kolonialherrschaft zum Eisenbahnbau nach Kenia gekommen und im Lande geblieben waren. Etwa 80 000 sind es heute, Kenianer mit kenianischem Pass, aber mit anderer Hautfarbe, anderem kulturellem Hintergrund. Eine im Geschäftsleben wichtige, aber in die Gesellschaft Kenias keineswegs integrierte Minderheit.

Korruption

Der Besucher, der sich nicht in der Obhut gut organisierter Reisegruppen durch Kenia bewegt, wird unweigerlich einer der vielen Spielarten der Korruption begegnen. *Chai*, Tee, nennen die Kenianer das kleine Trinkgeld, das Probleme regelt. Ein Heer von schlecht bezahlten Beamten ist auf Nebeneinkünfte angewiesen. Mehr oder minder diskret halten deshalb alle die Hand auf. Die wirklich großen Summen wurden auf höherer – und höchster – Ebene kassiert. Unter Präsident Moi erreichte der Durst der »Tee-Trinker« Rekordhöhen. Der Nachfolger Mwai Kibaki versprach Besserung. Hunderte von korrupten Beamten wurden entlassen, der Polizeichef gefeuert. In den Amtsstuben tauchten Schilder auf »Zahlt kein Schmiergeld. Es ist Euer Recht, hier bedient zu werden!« Eine Untersuchungskommission wurde eingesetzt, um den größten Korruptionsskandal Kenias aufzuklären: für Goldexporte, die nie stattgefunden hatten, kassierte der Unternehmer Pattni 200 Mio. Euro Subventionen und zahlte dafür »Spendengelder« in Millionenhöhe an Präsident Moi und seinen Vize.

Faszinierendes Licht: Abendstimmung im Samburu-Nationalpark

Matatu

So heißen Sammeltaxis und Kleinbusse; der Name ist eine Anspielung auf den ursprünglich üblichen Fahrpreis: 30 Cents, *senti tatu* in Kiswahili. Sie sind – in Ermangelung eines öffentlichen Nahverkehrssystems – für die Mehrzahl der Kenianer die einzige (und preiswerte) Möglichkeit, im Land zu reisen. Für Touristen wegen mangelnder Verkehrs- und allgemeiner Sicherheit allerdings nicht unbedingt empfehlenswert, auch wenn es der neuen Regierung gelungen ist, gegen den erbitterten Widerstand der Matatufahrer und -besitzer erstmals Sicherheitsbestimmungen durchzusetzen, was die Zahl der Passagiere, Sicherheitsgurte, Geschwindigkeitsbegrenzungen und den technischen Zustand der Fahrzeuge betrifft.

Nationalparks

Noch unter kolonialer Verwaltung wurde 1900 in Kenia das erste Gebiet unter Naturschutz gestellt: der heutige Nairobi National Park. Inzwischen gibt es 55 Schutzgebiete: *National Parks, Marine Parks* und *National Reserves* oder *Game Reserves*. In den Nationalparks sind Landschaft und Tiere geschützt. In den Wildreservaten dürfen bestimmte Zonen als Weidegrund für Viehherden benutzt werden. Kenia gehört zu den Ländern, die weltweit für das Verbot des Handels mit Elfenbein eintreten. Kenias Regierung ließ Tonnen von sicher gestellten gewilderten Elefantenstoßzähnen öffentlich verbrennen; den Wilderern wurde der Krieg erklärt. Bewaffnete Sondereinheiten machen mit Nachtsichtgeräten Jagd auf sie. Es scheint, dass es inzwischen gelungen ist, das Abschlachten der Elefanten erheblich einzuschränken.

Politisches System

Lange Zeit galt Kenia in Afrika als Musterland, wirtschaftlich und politisch stabil. Die Öffnung zum Westen war das Verdienst des »Brennenden Speers« – Jomo Kenyattas –, des ersten Präsidenten des unab-

Die Marco Polo Bitte

Marco Polo war der erste Weltreisende. Er reiste in friedlicher Absicht, verband Ost und West. Er wollte die Welt entdecken, fremde Kulturen kennen lernen, nicht zerstören. Könnte er heute für uns Reisende nicht Vorbild sein? Aufgeschlossen und friedlich sollte unsere Haltung auf Reisen sein. Dazu gehören auch Respekt vor Mensch und Tier und die Bewahrung der Umwelt.

hängigen Landes. Doch bereits in seiner Regierungszeit zeichneten sich die für viele afrikanische Staaten charakteristischen Schwächen ab: Besitz, Posten und Pfründe wurden innerhalb der »Familie« aufgeteilt. Die Kikuyu, das Volk Kenyattas, besaßen Land, Macht und Einfluss. Politiker, die zu kritisch wurden, verschwanden, ihr Tod wurde nie geklärt. Kenyattas Nachfolger Daniel arap Moi versuchte Missstände zu beseitigen, zumindest am Anfang seiner Regierung. Doch spätestens 1982 – nach einem misslungenen Putschversuch von Luftwaffenoffizieren – wandelte er sich zum Autokraten. Forderungen nach mehr Demokratie und der Zulassung mehrerer Parteien wurden unterdrückt, Regimekritiker verhaftet und gefoltert. Erst als die Hauptgeberländer Kenias – im »Pariser Club« zusammengeschlossen – alle Entwicklungshilfegelder einfroren, lenkte die Regierung ein. Die Verfassung wurde geändert, das Einparteiensystem abgeschafft. 1992, bei den ersten freien Wahlen, konnte eine zersplitterte Opposition die Wiederwahl Mois nicht verhindern. Das gelang erst beim zweiten Anlauf 2002. Von der Bevölkerung enthusiastisch gefeiert, versprach der neue Mann an der Spitze, Mwai Kibaki, einschneidende Änderungen. Eingelöst wurde bisher das Wahlversprechen auf eine kostenlose Elementarschulbildung.

Prostitution

Ob an der Küste, in Malindi, Mombasa oder Nairobi, sie sind kaum zu übersehen, die Mädchen, die versuchen, einen Teil des Geldes aus Touristentaschen in ihre umzulenken. Ein riskanter Lebensunterhalt, seit es Aids gibt. Nur wenige Mädchen treffen Vorsichtsmaßnahmen. Offiziell ist das Gewerbe verboten, strafbar macht sich aber nur die Prostituierte, nicht der Freier. Viele Ordnungshüter profitieren davon: Sie halten ihre Hände weit auf, wenn sie die Mädchen verfolgen – um dann beide Augen zuzudrücken.

Tierwelt

Büffel, von den Einheimischen *Nyati* genannt, zählen zu den gefährlichsten Tieren Ostafrikas. Ausgewachsene Exemplare werden bis zu 800 kg schwer; wenn sie wutschnaubend angreifen, stockt selbst Berufsjägern der Atem. Elefanten, *Tembo*, sind besonders zahlreich im Amboseli und in der Masai Mara. Gazellen gehören zur Gattung der Antilopen und sind in Kenia in großer Vielfalt zu finden. Am häufigsten: die kleine Thomson-Gazelle, *Swala tomi*, Schulterhöhe bis zu 70 cm, rötlich-sandfarben mit weißem Bauch und schwarzen Streifen an den Flanken. Die Giraffengazelle, *Gerenuk*, ist daran zu erkennen, dass sie sich beim Fressen an Akazienbäumen auf die Hinterläufe stellt. Für das Impala (Schwarzfersen-Antilope) sind die schwarzen Streifen auf den weißen hinteren Schenkeln typisch. In riesigen Herden anzutreffen, besonders zur Zeit der Wanderung, sind die Weißbartgnus, die in seltsamen Bocksprüngen über die Savanne galoppieren.

Geparden sind die schnellsten Tiere der Savanne. Am besten sind sie im Amboseli und in der Masai Mara zu beobachten. Giraffen, *Twiga*, wird man überall finden, wo es Schirmakazien und Dornenbüsche gibt. Leoparden bekommt man nur mit viel Glück zu Gesicht. Sie jagen nachts im dichten Busch. In einigen Lodges werden Köder ausgehängt, um sie anzulocken und den Besuchern im Scheinwerferlicht präsentieren zu können. Löwen, *Simba*, kann man vor allem in der Masai Mara nicht verfehlen. Das Breitmaulnashorn ist von Wilderern in Kenia so gut wie ausgerottet. Die verbliebenen Spitzmaulnashörner versucht man durch Umsiedlung in geschützte Regionen zu retten. Die Kolosse sind am besten im Nationalpark von Nairobi, im Amboseli und in der Masai Mara zu sehen. Zebras grasen fast immer im Familienverband in der Nähe von Giraffen und Antilopen.

Wirtschaft

Kenia ist Agrarland. Auch wenn der Tourismus im Staatshaushalt eine große Rolle spielt, liegt der Schwerpunkt in der Produktion und Verarbeitung landwirtschaftlicher Erzeugnisse. 80 Prozent der Erwerbstätigen arbeiten auf dem Land, in kleinbäuerlichen Betrieben und Großplantagen. Exportprodukte sind Kaffee und Tee. Besonders im Winter in Europa gefragt: Gemüse, Blumen, Obst – aus Nairobi eingeflogen.

Ein Gepard hält im Masai-Mara-Nationalpark nach Beute Ausschau

Impala-Keule und Sukuma Wiki

Die saftigen Steaks sind von bester Qualität. An der Küste gibt es Meerestiere jeder Art, frisch aus dem Indischen Ozean

Kenianer sind auf Gäste eingestellt. Kein Reisender muss hier darben. Von der einheimischen Küche abgesehen, bieten Kenias Hotels und Restaurants eine reiche Speisenauswahl. Vor allem an der Küste in Mombasa, aber auch in der Metropole Nairobi macht sich traditionell der Einfluss unterschiedlicher Kulturen bemerkbar. Hier hat man die Wahl zwischen orientalisch-asiatischen, indischen, pakistanischen, chinesischen und europäischen Restaurants. Insbesondere die indische Küche ist weit verbreitet, wo immer in Kenia die *Asians* anzutreffen sind – also vor allem in Nairobi, Kisumu, Mombasa. Europäern bietet die indische Speisekarte freundlicherweise zumeist die Wahl zwischen *hot* und *medium*, zwischen scharf und weniger scharf also. Für ungeübte Gaumen empfiehlt sich unbedingt *medium*. Gut und abwechslungsreich sind zumeist die Currybüfetts. Köstlich sind an der Küste vor allem Meerestiere jeder Art, frisch aus dem Indischen Ozean: kleine, aber sehr schmackhafte Kilifi-Austern *(oysters)*, prächtige Krebse *(crabs)*, Hummer *(lobster)* und Scampi *(prawns)*, außerdem gegrillter Thunfisch oder geräucherter Sailfish zum Beispiel.

Es ist angerichtet: Fleisch vom Grill und andere Köstlichkeiten

Aus dem Turkana- und dem Victoria-See kommen Nilbarsche und Tilapia, aus den Flüssen und Bächen des Hochlandes Forellen. Aber auch die Liebhaber saftiger Steaks kommen nicht zu kurz: Kenias Rindfleisch ist von erstklassiger Qualität. Eine Spezialität ist Wildbret. Zwar besteht ein generelles Jagdverbot, aber es gibt Farmen, die Wild liefern, wohlschmeckende Impala-Keulen etwa.

Für die Gäste ist sowohl in den Hotels an der Küste als auch in den Lodges der Parks ausreichend gesorgt – in Letzteren zumeist weniger umfangreich, da alle Lebensmittel über Pisten aus der Stadt herangefahren werden müssen. Das übliche Angebot: Büfetts mit frischen Säften, Tropenfrüchten wie Ananas, Mangos und Papayas, Cornflakes, Eierspeisen und Toast zum Frühstück. Mittags gibt es eine Auswahl an Salaten, kalten und warmen Speisen, Desserts. Das Abendessen besteht meist aus einem fünfgängigen Menü.

Kenianische Spezialitäten

Lassen Sie sich diese Köstlichkeiten gut schmecken!

Irio – Das Nationalgericht der Kikuyu ist ein Eintopf aus Mais, roten Bohnen und Kartoffeln. Die Maiskörner werden von den Kolben gelöst und mit den Bohnen weich gekocht. Dann kommen geschälte Kartoffeln und gehackter Spinat hinzu. Das Ganze wird gekocht, mit Salz und Pfeffer gewürzt und schließlich zu Brei gestampft.

Krebse – Vor allem an der Küste (insbesondere im Tamarind-Restaurant in Mombasa) sind die fangfrischen, handtellergroßen Schalentiere, mit Ingwer gekocht, im eigenen Sud serviert, eine Delikatesse.

Kokosgarnelen – In heißem Öl goldbraun gebackene Streifen Kokosfleisch, zusammen mit Garnelen erhitzt – eine ungewöhnliche, aber schmackhafte Kombination.

Matoke – In den westlichen Regionen in der Nähe der Grenze zu Uganda ersetzen Kochbananen den Mais. Dort ist Matoke, ein Bananenbrei, das Hauptnahrungsmittel.

Meerfisch auf Swahiliart – Schmackhafte Spezialität der Swahiliküche: Vor allem an der Küste werden Fischgerichte mit Kokosmilch, Ingwer und Limonensaft zubereitet. Ein großer Fisch wird in Portionen geteilt und mit Zwiebeln, Knoblauch und Butter in der Pfanne angebraten und mit gehackten Tomaten angereichert und gedünstet, dann mit Kümmel und Safran gewürzt und mit mehreren Tassen frischer Kokosmilch abgelöscht.

Nyama Choma – Ein Festschmaus und bei den Kenianern sehr beliebt ist dieses Gericht mit viel gegrilltem Fleisch: meist mit Hühnchen *(chicken)*, Ziege *(Mbusi bzw. goat)*, meist äußerst zäh, da nicht abgehangen, oder Hammel *(mutton)*.

Samosas – Teigtaschen, mit würzigem Hackfleisch oder Gemüse gefüllt und knusprig braun gebacken; als Vorspeise, oder für den kleinen Hunger bestens geeignet.

Sukuma Wiki – Schmeckt besser, als der Name vermuten lässt (»Zieh die Woche hin«). Wurde ursprünglich also gegessen, wenn das Haushaltsgeld zur Neige ging. Sukuma ist ein spinatähnliches Gemüse, das – je nach Möglichkeiten – mit gedünsteten Tomaten, Paprika und Fleischwürfeln serviert wird.

Ugali – Alltagsessen für die Mehrzahl der Kenianer. Ein zäher Brei aus Maismehl, das in kochendes Wasser gerührt wird. Ugali dient zumeist als Beilage zu Fleisch und Ragouts, wird aber auch mit Sukuma serviert.

Unübersehbar – hier werden kühle Getränke verkauft

Die meisten alkoholischen Getränke werden importiert und sind dementsprechend teuer. Mit zwei Ausnahmen: Seit kurzem gibt es Weiß- und Rotwein aus kenianischer Produktion, aus Papaya oder auch aus Trauben gekeltert. Den Liebhabern stärkerer Getränke sei zum Versuch *Kenya Cane* empfohlen, eine Art Rum, der in Kenia aus Zuckerrohr gebrannt wird. Das zweifellos beliebteste Getränk der Kenianer ist aber Bier: Tusker, Whitecap, Premium. Die Qualität dieser im Lande gebrauten Biere kann sich durchaus mit der europäischer Biere messen. Für den großen Durst empfehlenswert sind frisch gepresste Säfte aus Mango- oder Passionsfrüchten, die in den meisten Hotels und Restaurants serviert werden. Abseits der üblichen Touristenpfade kann es vorkommen, dass man lokale Getränke angeboten bekommt. Durchaus genießbar, auch wenn nicht gerade von Vertrauen erweckendem Aussehen, ist Palmwein. Er schmeckt so, wie wahrscheinlich der Met der Germanen einst schmeckte. Weniger empfehlenswert ist selbst gebrannter Schnaps, *Chang'aa*. Der Name sagt alles über Geschmack und Bekömmlichkeit: »Töte mich schnell«.

Bei Alkoholkonsum sollte man in einigen Küstenregionen besonders während des Fastenmonats Ramadan daran denken, dass die Bevölkerung überwiegend muslimisch und der Genuss von Alkohol streng Gläubigen untersagt ist. Auf Lamu wird z. B. nicht überall Bier ausgeschenkt. Von den Hotels abgesehen, sind die Restaurants während des Ramadan hier auch mittags geschlossen.

In der Regel kann man bedenkenlos essen, was angeboten wird. Allerdings sollte man außerhalb von Hotels und Restaurants vermeiden, grüne Salate zu essen und nicht abgekochtes Wasser zu trinken.

Die Kellner verdienen nicht gerade ein Vermögen. Ein Trinkgeld von zehn Prozent wird den Gast in bester Erinnerung halten.

Kalebassen & Kikois

Kunstvoll und bunt: aus Perlen gearbeitete Hals- und Armbänder im Masai-Design

Nie wäre ein Masai-Krieger früher auf die Idee gekommen, seine Waffen freiwillig abzugeben, Schild und Speer an Fremde zu verkaufen. Doch die Zeiten haben sich geändert. Wo immer Touristen auftauchen, sind auch Händler da. Und verkauft wird alles, von dem man glaubt, dass es den Besuchern gefallen könnte.

Beliebte Reiseandenken sind Schnitzereien aus Holz. Hier reicht das Angebot von gewaltigen Kämmen über unterschiedliche Exemplare der afrikanischen Tierwelt bis hin zum lebensgroßen Masai-Krieger. Origineller sind Schnitzereien aus Speckstein, in Rosa oder Schwarz. Ausnahmsweise nicht nur für Touristen hergestellt, sondern überwiegend für den Eigengebrauch sind *Kangas,* mit phantasievollen afrikanischen Motiven bunt bedruckte Baumwolltücher. Ihrer Verwendung scheinen bei Kenianerinnen keine Grenzen gesetzt, eine trägt sie als Kopftuch, die andere als Rock. Beliebt sind auch *Kikois,* einfarbige oder mit Streifen bedruckte Tücher, die von den Männern an der Küste um die Hüften geschlungen und als Hosenersatz getragen werden. Dekorativ, mit eingeschnitzten Motiven versehen, sind ockerfarbene Kalebassen. Kunstvoll und bunt: aus Perlen gearbeitete Hals- und Armbänder, zumeist im traditionellen Masai-Design, oder mit Perlen geschmückte Ledergürtel. Strapazierfähig und praktisch: die *Kiondos,* aus Sisal geflochtene und mit Lederriemen versehene Einkaufskörbe.

Farbenprächtige Kangas und Kikois: Was Mann und Frau in Kenia so tragen

Noch steckt die Musikindustrie in Kenia zwar in den Kinderschuhen, aber inzwischen gibt es CDs und Kassetten neuester Swahili-Hits in akzeptabler Qualität. In der Beliebtheit an erster Stelle steht auch in Kenia Zaire-Musik.

Die Geschäfte sind normalerweise montags bis freitags 9.30–18 Uhr und samstags 9.30–13 Uhr geöffnet.

Afrikanische Kunst

Wer mehr nach Hause bringen möchte als das bei einem Straßenhändler erworbene Reiseandenken, sollte sich in Nairobi umsehen. Hier gibt es Boutiquen, die äußerst phantasievolle Mode anbieten. Für den Liebhaber afrikanischer Kunst ist ein Besuch durchaus anspruchsvoller Galerien zu empfehlen, die Sammlungen von Masken und Bronzefiguren vor allem aus Westafrika sowie interessante Bilder kenianischer Künstler von internationalem Ruf im Angebot haben.

Feste, Events und mehr

Dröhnende Trommeln – geblähte Segel

Die Vielfalt der kenianischen Bevölkerungsgruppen spiegelt sich auch in der Vielzahl der Feiern und Festlichkeiten in den einzelnen

Giriama-Frau mit Federschmuck

Regionen. Innerhalb der indischen Gemeinde – vor allem in Mombasa – gibt es farbenprächtige, mit großem Aufwand gefeierte Hochzeiten. Bei den Masai ist das traditionelle Beschneidungsritual nach wie vor ein großes Ereignis. An der Küste bestimmen vor allem muslimische Feste den Ereigniskalender.

Offizielle Feiertage

An diesen Tagen bleiben Banken, Behörden und Geschäfte geschlossen:

1. Jan. *Neujahrstag; Karfreitag* und *Ostermontag;* **1. Mai** *Tag der Arbeit;* **1. Juni** *Madaraka Day (Autonomietag)* **10. Okt.** *Moi Day;* **20. Okt.** *Kenyatta Day;* **12. Dez.** *Jamhuri Day;* **25./26. Dez.** *Weihnachten*

Religiöse Feiertage und Feste

Mai

Insider Tipp *Maulidi al Nabi* (Geburtstagsfest des Propheten): Lamu verwandelt sich für eine Woche in einen Hexenkessel. Trommeln dröhnen, die Bevölkerung feiert, singt, tanzt. Wie seit hundert Jahren üben sich die Männer im Stocktanz, messen sich die Kapitäne der Dhaus im Wettsegeln. Bewegliches Fest (nach dem muslimischen Kalender). **2005: 21. April, 2006: 11. April**

Rhino Charge: Am letzten Wochenende im Mai treffen sich abenteuerlustige Geländewagen- und Nashornfans zu einem zweitägigen »Rhinorennen« durch haarsträubendes Terrain. Es ist das Treffen vor allem der KCs, der »kenianischen Cowboys«, der weißen Kenianer. Wer teilnimmt, spendet einen Geldbetrag für die Rettung der bedrohten Nashörner. Wo die *Rhino Charge* stattfindet, wird bis kurz vor Beginn geheim gehalten. Termine können sich ändern. *Tel. 00254/20 60 42 46, rhinoark@wananchi.com*

Juni/Juli

Insider Tipp *Tierwanderung:* Bis zu 2 Mio. Gnus begeben sich auf der Suche nach Wasser und Weideland auf die jährliche Wanderung. Bester Platz zur Beobachtung: am Mara-Fluss in der Masai Mara. Meist kommen die Herden im Juni/Juli in die Masai Mara und ziehen im Okt./Nov. wieder zurück in die Serengeti (Tansania).

Juli

★*Safarirallye:* Das Motorsportereignis Kenias beginnt am 2. Do im Juli; drei Tage lang dröhnen die Motoren. Die Rallye führt 4000 km quer durch Kenia – eine der härtesten Strecken der Welt. Start und Ziel ist Nairobi. Der Termin kann sich ändern. *Tel. 00254/20 72 03 82, www.eastafrican safarirally.com*

August

Kamelderby: Am 2. Wochenende im Aug. ist Maralal im Norden Kenias Treffpunkt der Kamelfans. Das Wettrennen geht über 42 km. Im Rahmenprogramm: Modenschau, Tänze, Viehauktion. Der Termin kann sich ändern. *www.yare@africaonline.co.ke*

Oktober

Moi Day: Feiertag am 10. Okt. mit Militärparaden in Erinnerung an die Ernennung Daniel arap Mois zum Staatspräsidenten (1978).

Kenyatta Day: Feiertag am 20. Okt. aus Anlass der Verhaftung des späteren ersten Staatspräsidenten der Republik, Jomo Kenyatta, unter den Briten 1952

Diwali: Wichtigstes Fest der Hindugemeinde vor allem in Mombasa. Gefeiert wird die Rückkehr des Gottes Rama. Tanz auf den Straßen. Bewegliches Fest. **2005: 1. Nov., 2006: 21. Okt.**

November

Idd-ul Fitr (»kleines Hammelfest«): moslemisches Fest, auf dem mit einem Festmahl das Ende des Fastenmonats Ramadan gefeiert wird. Bewegliches Fest. **2005: 3. Nov., 2006: 24. Okt.**

Dezember

Jamhuri Day: Feiertag am 12. Dez. mit Umzügen und Ansprachen im Gedenken an den ersten Tag der Unabhängigkeit 1963

Kikuyu-Männer beim Tanz

HILTON

Auf den Spuren der Baronin Blixen

Eine afrikanische Metropole, eine moderne Skyline. Ihre Bewohner: Kenianer, Äthiopier, Somalis und Ugander, Inder und Europäer

Karte in der hinteren Umschlagklappe

Nairobi **[114 C1]** ist Kenias Metropole und mit 2,5 Mio. Einwohnern die größte Stadt Ostafrikas. Nairobi liegt rund 150 km vom Äquator entfernt, auf 1600 m Höhe, mit gemäßigtem, angenehmem Klima, eingebett in eine reizvolle Landschaft zwischen der Hügelkette der Ngong-Berge auf der einen und der offenen Savanne des Nationalparks auf der anderen Seite. Eine Stadt, die aus den Nähten platzt: Fährt man vom 15 km entfernten Flughafen Jomo Kenyatta ins Zentrum, erreicht man schon nach wenigen Kilometern ein Industrieviertel, dort wo sich noch vor wenigen Jahren Savanne erstreckte. Je näher man dem Zentrum kommt, desto dichter wird der Verkehr. LKW, Busse, Matatus vor allem, Sammeltaxis, die sich hupend ihren Weg durch die Blechlawine erzwingen.

Wer länger auf Safari war, kann in Nairobi wieder »auftanken«: Hier finden Sie Banken und Wechselstuben, diplomatische Vertretungen, Ärzte, Krankenhäuser, Apotheken, Buchläden, Internetcafés, Geschäfte, in denen es alles zu kaufen gibt, was auch in Europa im Angebot ist, sowie Restaurants, in denen die Küchen aller Kontinente vertreten sind: indisch, chinesisch, japanisch, italienisch oder mexikanisch.

Wie ein Bergfried ragt der Turm des Hilton Hotels in den Himmel

Nairobi – der Name ist abgeleitet von *Enkare Nyrobi* aus der Masai-Sprache und heißt »Ort des kalten Wassers«. Das Dreieck zwischen Uhuru Highway, Haile Selassie Avenue, Tom Mboya Street und University Way bildet das Zentrum der Stadt. Hier beherrschen moderne Hochhäuser das Straßenbild, mit spiegelnden Glas- und Stahlfassaden, Bürogebäude, Ministerien, Geschäfte und Hotels der gehobenen Preisklasse. Eine Narbe im Stadtbild ist hier der Platz, an dem eine gewaltige Bombe, vermutlich von Anhängern Osama Bin Ladens gezündet, die US-Botschaft in Trümmer legte.

Weiter nördlich schließen sich an: die Universität, der staatliche Fernseh- und Rundfunksender, eines der ältesten und nobelsten Hotels der Stadt, das Norfolk, und schließlich das National Museum. Westlich von Uhuru Highway und Park folgen weitere Hotels der Luxusklasse und Krankenhäuser. Da-

Eine weiße Moschee inmitten der Hochhäuser

hinter liegen Kilimani, Upper Hill und Hurlingham, Wohnviertel der schwarzen Mittelklasse. Hinter Nairobi Hill, dem ältesten Wohnviertel der Europäer, dehnen sich mit Lavington, Spring Valley und Upper Parklands Wohngegenden der besser Verdienenden aus.

Nairobi ist eine kosmopolitische Stadt. Hier leben auch viele Afrikaner aus den Nachbarländern Äthiopien, Somalia und Uganda – Flüchtlinge zumeist –, eine große Zahl von *Asians* und eine weiße Minderheit, Engländer vor allem, in der zweiten und dritten Generation in Kenia. Doch man lebt meist neben- nicht miteinander. Vornehme Villen auf parkgroßen Grundstücken, mit Tropengärten, Pools, Ställen und Tennisplätzen, von Dienstpersonal umhegt, von Sicherheitsleuten bewacht: Das ist das Bild in Karen im Südwesten, dem vornehmsten Viertel, das ausschließlich der noch immer überwiegend weißen Upper Class vorbehalten ist. Am anderen Ende der sozialen Skala: die nur von Afrikanern bewohnten Viertel Eastleigh und Pangani und der trostlose, stetig wachsende Elendsgürtel. Die größten Slumviertel sind Mathare Valley und Kibera. Deren Bewohner kommen in der amtlichen Statistik nicht vor. Eine Million Menschen, so vorsichtige Schätzungen, leben in den Slums, in Behausungen aus Pappe, Wellblech, Plastiksäcken, ohne Strom, ohne Wasserversorgung, ohne sanitäre Anlagen – und ohne Zukunft. Hohe Arbeitslosigkeit, Armut, eine Existenz am Rande der Gesellschaft – all das Ursachen für die hohe Kriminalitätsrate. Einbrüche, Überfälle, Vergewaltigungen, Autodiebstähle gehören zum Alltag. Die Konsequenz: Unübersehbar sind die Heerscharen von Wachpersonal, die zum Schichtwechsel morgens und abends zu ihren Arbeitsplätzen in die Wohnviertel marschieren. In den besseren Bezirken verschanzen sich die Bewohner hinter Stacheldraht und Alarmanlagen. Soweit möglich, meidet man das Stadtzentrum. Vieles hat sich auf die Außenbezirke verlagert, besonders nach Westlands. Läden, Cafés, Restaurants, Bars – in Westlands ist ein neues Zentrum entstanden.

Natürlich kann man sich auch in Nairobi bewegen, ohne Angst haben zu müssen, gleich überfallen zu werden. Vorausgesetzt, man beachtet ein paar Vorsichtsmaßnahmen: Die teure Uhr, der Schmuck und die prall gefüllte Brieftasche sollten im Hotelsafe bleiben. Abends nicht zu Fuß durch die Stadt gehen, sondern ein Taxi nehmen, das zweifelsfrei auch ein Taxi ist. Einige Viertel am besten meiden, wie die River Road, den Uhuru Park nach Einbruch der Dunkelheit und Mathare Valley und Kibera. Am besten, man macht es wie die Einheimischen und bevorzugt besonders abends das Angebot außerhalb des Stadtzentrums, wie etwa in Westlands.

SEHENSWERTES

Arboretum **[O]**

Ein Park, in dem eine stattliche Ansammlung von Bäumen aus aller Welt zu bewundern ist: vom Jakaranda über den Frangipani bis zum Drachen- und Flammenbaum. *Tgl. bis Sonnenuntergang, Arboretum Drive (nahe dem State House)*

Aussicht auf die Stadt **[U D5]**

Den besten Blick auf Nairobi, seine Umgebung und – an klaren Tagen – auf Mount Kenya und den Kilimandscharo bietet die 28. Etage des Kenyatta-Konferenzzentrums, ein Turm, der mit über 100 m Höhe zum Wahrzeichen der Metropole wurde. *Eintritt ca. 1,50 Euro*

Blechmarkt **[U F5]**

In unmittelbarer Nachbarschaft des Zentralen Busbahnhofs (zwischen Pumwani und Landhies Road) liegt der Blechmarkt. Eine einmalige Geräuschkulisse weist die Richtung: eine Sinfonie von Hunderten von Hämmern, auf Metall geschlagen. Eine riesige Werkstatt im Freien, unter »heißer Sonne« – *Jua Kali*, wie die Kenianer sagen. *Jua Kali* ist inzwischen ein Begriff für die Arbeitsplatzbeschaffung in Eigeninitiative, für das Kleingewerbe einfallsreicher »Unternehmer«. Aus augedienten Blechen entstehen neue Kochtöpfe, Blechkoffer, Safarikisten, Kanister,

MARCO POLO Highlights »Nairobi«

★ **Nairobi National Park**
Großwild vor der Skyline Nairobis beobachten (Seite 37)

★ **Tamarind Restaurant**
Ein kulinarisches Erlebnis (Seite 32)

★ **Karen-Blixen-Museum**
Auf den Spuren kolonialer Vergangenheit am Fuße der Ngong-Berge (Seite 37)

★ **Carnivore**
Livemusik und Straußensteaks (Seite 30)

Bettgestelle und Armbänder. Recycling auf afrikanisch. *Mo–Sa, von morgens bis zum frühen Abend*

Busbahnhof **[U E5]**
Wer einen Ausflug in den afrikanischen Alltag Nairobis machen möchte, sollte den Zentralen Busbahnhof zwischen Pumwani und Landhies Road im Osten Nairobis besuchen, von den Einheimischen auch Machakos-Airport genannt. Es ist der Treffpunkt Tausender, die auf Reisen gehen. Ihr Transportmittel: uralte Busse, Rost und Beulen mit Sprüchen übermalt, immer voll besetzt; auf dem Dach türmt sich das Gepäck, Hausrat, Federvieh, Ziegen.

National Archives **[U D4]**
~~In dem~~ Gebäude gegenüber vom Hilton Hotel hatte ursprünglich die Bank of India ihr Domizil. Interessant neben Dokumenten über Geschichte und Politik Kenias ist eine Fotosammlung u. a. von Jomo Kenyatta und Daniel arap Moi. *Mo–Sa 8–17 Uhr, Eintritt frei, Moi Avenue*

Parlament **[U C6]**
Mit seinem viereckigen Uhrturm unverkennbar, liegt das Parlamentsgebäude an Parliament Road und Harambee Avenue; auf dem Vorplatz die Statue Jomo Kenyattas. Das Mausoleum, in dem der erste Präsident Kenias ruht, befindet sich nur wenige Schritte entfernt. Parlamentssitzungen können mit Genehmigung *(Tel. 22 12 91)* von einer Besuchertribüne verfolgt werden.

MUSEEN

Eisenbahnmuseum **[U D6]**
Wer sich für alte Dampfloks interessiert und für die Probleme, mit denen sich Anfang des 20. Jhs. die Erbauer der »verrückten Eisenbahnlinie« quer durch die Wildnis konfrontiert sahen, sollte dem *Railway Museum* beim Bahnhof einen Besuch abstatten. Zu den Exponaten gehört auch ein Waggon, aus dem sich 1900 ein »Maneater«, ein Menschen fressender Löwe, einen Eisenbahninspektor herausholte und verspeiste. Schön die Sammlung alter Fotos, die Nairobi in den Gründerjahren zeigen. *Mo–Sa 8.30–16.30 Uhr, Eintritt ca. 2 Euro, Station Road*

Kenya National Museum **[U A1]** Insider Tipp
Umfangreiche naturkundliche, ethnografische und prähistorische Sammlungen, darunter 900 ausgestopfte Exemplare aus Kenias Vogelwelt. Interessant auch die Lamu Gallery. Gegenüber vom Museum gibt es einen *Snake Park* – beste Gelegenheit, aus sicherer Entfernung grüne und schwarze Mambas, Puffottern und Pythons zu bewundern. Museum und Schlangenpark: *Tgl. 9.30–18 Uhr, Eintritt ca. 2 Euro, www.museum.or.ke, Museum Hill*

ESSEN & TRINKEN

Alan Bobbe's Bistro **[U B4]**
Kleines, gediegenes Lokal für Verwöhnte. Französische Küche. *Cianda House, Koinange Street, Tel. 20/ 33 69 52,* €€€

Carnivore **[O]**
★ Die Spezialität: Fleisch, so viel man will, zum Fixpreis. Hammel vom Spieß, Rind, Ziege, auch Zebra- und Straußensteaks oder Krokodil-Nuggets. Beliebter Treffpunkt am Abend für ein bunt gemischtes Publikum unter freiem Himmel. Sa Liveband, Mi Disko im Simba Saloon.

Phantasievolle Wandbemalung im Kenya National Museum

20 Min. mit dem Taxi vom Zentrum, Langata Road, hinter dem Wilson Airport, Tel. 20/605 93 37, €€€

Haandi [O]
Ausgezeichnete indische Küche. Mittags auch Büfett. *The Mall, Westlands, Tel. 20/444 82 94 (-5), 0733/64 82 94,* €€

Kengele's Bar [O]
Sieht aus wie ein britisches Pub, entsprechend ist das Angebot: europäisch, international, einschließlich Sandwiches und Burger. *Lavington Green, ABC Place, Westlands, Yaya Centre, Koinange Street,* €

La Dolce Vita [O]
Sehr gute, überwiegend italienische Speisekarte. Terrasse. Tischreservierung empfohlen. *Mo geschl., Limuru Road, Muthaiga, Tel. 20/374 99 45 (-47),* €€

Insider Tipp **Le Rustique** [O]
Idealer Ort für alle, die das Zentrum Nairobis meiden möchten. Ca. 15 Min. entfernt, in der Nähe von Westlands; einfaches, charmantes Gartencafé. Für ein Frühstück mit Croissant oder Baguette, einen leichten Mittagsimbiss mit frisch gepressten Fruchtsäften oder einen Nachmittagstee. *Mo–Sa 9.30–19 Uhr, Mi abends Candlelight-Dinner, General Mathenge Drive, Tel. 20/375 30 81, 0721/60 96 01,* €

Norfolk Hotel [U B2]
Die Terrasse des Norfolk: ein beliebter Treffpunkt zum Lunch und zum Drink am Nachmittag. Sehr gut das Restaurant *Ibis* (Krawatte und Jackett!). *Harry Thuku Road, Tel. 20/25 09 00, 21 26 98,* €€€

Rusty Nail [O]
Außerhalb des Stadtzentrums, im vornehmen Wohnviertel Karen gelegen, angenehmes Ambiente. Auf der Terrasse, mit Blick in einen farbenprächtigen tropischen Garten, wird überwiegend europäische Küche serviert. *Dagoretti Road, Karen, Tel. 02/88 24 61, 88 38 91,* €€

Sarit Centre **[O]**
Auswahl kleinerer Restaurants und Esstheken mit afrikanischer, indischer, chinesischer und europäischer Karte. *Parklands Road, Westlands, €*

Stop Italia/Mediterraneo **[O]**
Zwei italienische Restaurants mit guter, preiswerter Küche finden Sie im Woodvale Grove, Westlands: *Stop Italia (Tel. 20/444 52 34, €)* und, mit gehobenerem Ambiente, *Ristorante Mediterraneo (Tel. 20/444 74 94, 0733/57 66 30, €€).*

Tamarind **[U D5]**
★ Das beste Restaurant der Stadt für Fisch und Meeresfrüchte. Vorzüglich die Hummer à la Tamarind, die riesigen Krebse in würzigem Sud gekocht und mit Schale serviert, und saftige Steaks. Abends empfiehlt sich eine Tischbestellung. *National Bank House, Harambee Avenue, Tel. 20/33 89 59, €€€*

The Thorn Tree **[U C–D4]**
Das Straßencafé des New Stanley Hotels ist Legende. Der alte Thorn Tree, die große Schirmakazie, fiel 1998 Autoabgasen zum Opfer, aber Ersatz ist gepflanzt. Auch der neue Baum ist eine beliebte Nachrichtenbörse. Wer Mitfahrer sucht für eine Safari, Freunden eine Nachricht hinterlassen will, aber nicht weiß, wann sie nach Nairobi kommen, wo sie übernachten: Eine Nachricht am Stamm des Thorn Trees ist die Lösung. Das Essen ist scheußlich, die Kellner unfreundlich, aber man muss mal da gewesen sein. *Kimathi Street, Tel. 20/33 32 33, €*

Toona Tree **[U A1]**
Ausgezeichnete Pizzas, Fleisch- und Fischgerichte vom Grill, in angenehmer Umgebung, überdacht, aber im Freien. Auf dem Terrain des International Casino, in Nachbarschaft des National Museum. *Mo geschl., Museum Hill, Tel. 20/374 44 77, 374 26 00, €€*

Trattoria **[U C4]**
Italienische Küche, angenehmes Ambiente, zentral. *Ecke Wabera/Kaunda Street, Tel. 20/34 08 55, €*

EINKAUFEN

African Heritage Pan African Gallery **[U C4]** Insider Tipp
Das beste, allerdings auch teuerste Angebot und die größte Auswahl von Reiseandenken: von anspruchsvollen Kunstobjekten über Speckstein- und Holzschnitzereien, Batik und Schmuck bis zu ausgesuchten afrikanischen Masken, Skulpturen, Bronzefiguren. *Banda Street*

City Market **[U C4]**
Quicklebendig geht's auch auf dem City Market zu, zwischen Muindi Mbingu und Koinange Street. Morgens vor allem, wenn frischer Fisch und Meerestiere von der Küste angeliefert werden, Obsthändler ihr Angebot an exotischen Früchten ausbreiten, Kikuyu-Frauen und Inderinnen um jeden Shilling feilschen. An die Hallen schließt sich ein offener Markt an, auf dem es ein buntes Angebot an Körben, Holz- und Specksteinschnitzereien und Perlenschmuck gibt. Hier gilt es zu handeln. Die übliche Faustregel: als Gegenangebot die Hälfte des geforderten Preises. Man sollte aber nicht vergessen, dass die wenigen Shillinge, um die europäische Besucher meist aus Spaß feilschen, für die Händler sehr viel bedeuten.

Gallery Watatu **[U C–D4]**
Für den Kunstinteressierten: Skulpturen und Gemälde zeitgenössischer afrikanischer Künstler mit internationalem Ruf. U.a. Bilder von Jak Katarikawe, Charles Sekano und Sane Wadu. *Standard Street, Lonhro House*

Pimbi Gallery **[O]**
Reizvolles Freilichtatelier des kenianischen Künstlers Kioko Mwitiki. Metallskulpturen. *General Mathenge Close/Gen. Mathenge Drive, Westlands*

Text Book Centre **[O]**
Die beste Auswahl an Büchern: Bildbände, Landkarten, Literatur über Kenia und andere afrikanische Länder. *Im Sarit Centre, Westlands*

Undugu Handicraft Shop **[O]**
Große Auswahl an originellen und preiswerten Souvenirs, Kunsthandwerk, Holz- und Steinschnitzerei, Batik, Schmuck. Der Erlös kommt der Undugu Society zugute, einer Kinderhilfsorganisation. *Woodvale Grove, Westlands*

Urban Leopard **[O]**
Ausgesuchtes afrikanisches Kunstgewerbe, nicht eben billig, aber exklusiv. *General Mathenge Drive, Westland (neben dem Restaurant Le Rustique)*

ÜBERNACHTEN

Boulevard Hotel **[U A1]**
Angenehmes Hotel mit Pool, zentral, wenige Minuten Fußweg zum National Museum. *70 Zi., Harry Thuku Road, P.O.B. 42831, Tel. 20/227 56 79, Fax 22 91 27, www.hotelboulevardkenya.com,* €€

Fairview Hotel **[O]**
Im Kolonialstil erbaut, eingebettet in eine prächtige Gartenanlage. *96 Zi., Bishops Road, P.O.B. 40842,*

Frauen bieten auf dem Markt ihre Waren feil

Junge Frau in Nairobi

Tel. 20/271 13 21, 271 00 90, Fax 272 13 20, www.fairviewkenya.com, €€

Giraffe Manor [O]
Außergewöhnliche Unterkunft in einem alten Farmhaus aus dem Jahr 1930 in Langata, 30 Automin. von Nairobi. Wie andere Leute Hunde, hält die Besitzerin Giraffen. Sie schauen den Gästen morgens ins Fenster. So exklusiv wie die Lage ist auch der Preis. Ein Doppelzimmer mit Vollpension liegt bei 500 Euro pro Nacht. *5 Zi., Mukoma Road, Tel. 20/89 10 78, Fax 89 09 49, www.giraffemanor.com,* €€€

Hillcrest Hotel [O]
Kleines Hotel mit bescheidener Ausstattung, sauber, freundliches Personal; Restaurant, am Rande von Westlands. *18 Zi., Tel. 20/444 48 83, Waiyaki Way,* €

Holiday Inn Nairobi Mayfair Court [O]
Nahe beim Zentrum Westlands, angenehmes Hotel im Kolonialstil, mit Swimmingpools, Fitnesscenter, gutem Restaurant. *171 Zi., P.O.B. 66807, Tel. 20/374 09 20, Fax 374 88 23, mayfair@africaonline.co.ke, Parklands Road, Parkland,* €€€

Norfolk Hotel [U B2]
Churchill übernachtete hier, ebenso Roosevelt und Hemingway. 1904 eröffnet, hat das Norfolk seinen kolonialen Charme bewahrt. Eines der schönsten Hotels Nairobis. *140 Zi., Harry Thuku Rd., P. O. B. 40064, Tel. 20/225 09 00, Fax 33 67 42, norffoh@nbnet.co.ke,* €€€

Oakwood Hotel [U B3]
Im Zentrum, gegenüber vom Stanley Hotel. Geräumige Zimmer, aufmerksames Personal, Restaurant und eine gemütliche Bar. *30 Zi., PO Box 40683, Elite House, Kimathi Street, Tel. 20/22 05 92, Fax 33 21 70,* €€

Panafric Hotel [O]
Komfortabel, angenehm, relativ nahe zum Zentrum. *213 Zi., Kenyatta Ave./Valley Road, P. O. B 30486, Tel. 20/272 08 22, Fax 272 63 56, www.sarovahotels.com,* €€

Parkside Hotel [U B3]
Im Zentrum, gegenüber vom Jevanjee Gardens Park. Preiswert, alle Zimmer mit Bad und Dusche, Restaurant. *23 Zi., Monrovia Str., Tel. 20/21 41 54, Fax 33 46 81,* €

Windsor Golf and Country Club [O] Insider Tipp
Für Golfer und Romantiker, Luxusanlage im viktorianischen Stil am Stadtrand. *80 Zi., Windsor Hotels International Ltd., P. O. B. 45587, Garden Estate, Kigwa Road, Tel. 20/886 23 00, Fax 80 23 00, windsor@africaonline.co.ke,* €€€

FREIZEIT & SPORT

Golf **[O]**
Karen Country Club, *Karen, Tel. 20/ 88 28 01*; Muthaiga Golf Club, *Muthaiga, Tel. 20/76 52 92*; Railway Golf Club, *Haile Selassie Ave., Tel. 20/271 88 15*; Royal Nairobi Golf Club, *Ngong Rd., Tel. 20/271 27 21*

Insider Tipp **Pferderennen** **[O]**
Jockey Club of Kenya. Ein wenig wie zu Karen Blixens Zeiten geht es hier sonntagnachmittags zu. Zum Rennen treffen sich noch immer die »Old Boys«, die alten weißen Kenianer und ihre Ladies mit dem britischen Charme. *Meist jeden 2. So, keine Rennen im Aug./Sept., Ngong Road, Eintritt ca. 0,75 Euro*

AM ABEND

Gipsy's Bar **[O]**
Das Richtige für Nachtschwärmer. Hier ist nach Mitternacht immer noch was los. *Waiyaki Way, Westlands*

International Casino **[U A1]**
Roulette und Black Jack, lockere Atmosphäre, kein Krawattenzwang. Vorzügliches Restaurant *La Galleria*. Vor allem die Jugend Nairobis trifft sich Fr ab 23 Uhr in der Disko des Casinos, dem *Mamba Club. Eintritt ca. 2,50 Euro, Museum Hill*

Kinos
– 20th Century Fox Cineplex, Sarit Center, 2. Etage, Westlands, Eintritt ca. 3–6 Euro
– 20th Century Plaza, Mama Ngina Street, Stadtzentrum
– Kenya Cinema, Moi Avenue
– Nairobi Cinema, Uchumi House, Aga Khan Walk

Long Bar **[O]**
Eine Bar wie eine lange Röhre. Hier trifft sich jede Nacht vor allem die gehobene Mittelklasse auch der schwarzen Kenianer. *Im Einkaufszentrum von Karen*

New Florida Night Club **[U C4, B5]**
Wer Tanzpartner sucht, hat keine Schwierigkeit, sie ab Mitternacht in diesen beiden Diskos zu finden. Bevorzugtes Revier der Prostituierten. *Eintritt ca. 2,50 Euro. Koinange Street/Florida 2000, Moi Avenue*

Pavement Club'n Café **[O]** Insider Tipp
Abendlicher Treffpunkt vor allem junger Leute, schwarz und weiß. Bar, Restaurant (auch japanische und Thai-Küche) und Disko *(Mi, Fr, Sa)*. Die kenianische Schönheitskönigin wird hier gekürt, gelegentlich gibt's Modenschauen. *So geschl., Tel. 20/444 17 11, Westview Centre, Ring Road, Westlands*

Simba Saloon **[O]**
Lebendige Disko beim Carnivore Restaurant. Jeden Mittwoch »Nacht der Nächte« mit Liveband. Full swing erst nach Mitternacht. *Langata Road, Eintritt 3 Euro* Insider Tipp

AUSKUNFT

Das Tourist Office ist inzwischen geschlossen. Was wann los ist, welche Liveband wo spielt, erfährt man aus dem Magazin »What's On«, erhältlich in den meisten Hotels. Ein Veranstaltungskalender ist auch in der Wochenendausgabe der Zeitung »The Nation« zu finden. Noch besser und aktueller, wenn man die Möglichkeit hat, Radio zu hören, ist »Radio Capital FM« (UKW 98,4).

Wildromantisch: Wasserfälle bei Thika

ZIELE IN DER UMGEBUNG

Athi River – Fourteen Falls **[111 E6]**

Wildromantische Landschaft am Athi-Fluss, mit 14 hintereinanderliegenden Wasserfällen. Fahrt bis Thika (40 km), dann weiter in Richtung Garissa, nach 12 km geht rechts eine Piste ab, die zum Athi River führt (9 km). Flussabwärts liegen die Wasserfälle. In Blickweite, auf der anderen Seite des Athi, der *Kilima Mbogo*, der Büffelberg (2146 m). Die dichten Wälder am Berghang sind auch heute noch die Weidegründe großer Büffelherden.

Bomas of Kenya **[114 C1]**

Freilichtmuseum auf weitläufigem Gelände, auf dem die Hütten der verschiedenen Völker Kenias nachgebaut sind und mit ihren Bewohnern besichtigt werden können. Einer der wenigen Plätze, wo man Masai in vollem Kriegerschmuck und ihre traditionellen Behausungen aus Lehm und Dung ungehindert fotografieren kann (Tanzvorführung tgl. 14.30 Uhr). *Ca. 15 km vom Stadtzentrum entfernt, Ngong Road, Eintritt ca. 9 Euro*

Daphne Sheldrick's Orphanage **[114 C1]** Insider Tipp

Eine einmalige Gelegenheit, junge Elefanten und Nashörner aus der Nähe zu beobachten und zu fotografieren, bietet die *Orphanage* (»Waisenheim«) in der Nähe des Nairobi National Park (nicht zu verwechseln mit der Orphanage hinter dem Haupteingang des Nairobi National Parks). Daphne Sheldrick, die Frau eines ehemaligen Wildhüters, hat es sich zur Lebensaufgabe gemacht, verwaiste Elefanten- und Nashornbabys aufzuziehen. »Ihre« Elefantenkinder werden nach mühsamer Pflege in die Obhut einer im Tsavo frei lebenden Elefantendame übergeben. Man verlässt Nairobi auf der Langata Road, biegt links in die Magadi Road, und auf der Höhe des Post Office geht links eine ausgeschilderte Piste ab, die zum Eingang führt. *Tgl. 11–12 Uhr*

Karen-Blixen-Museum **[114 C1]**
★ Hollywood hat sie mit der Verfilmung ihres Buches »Out of Africa« berühmt gemacht, die dänische Baronin Karen Blixen. Ihr Farmhaus am Fuße der Ngong-Berge ist zum Wallfahrtsort geworden *(im Vorort Karen, 16 km vom Stadtzentrum, tgl. 9.30–18 Uhr, Eintritt ca. 3 Euro)*. Anschließend empfiehlt sich ein Besuch im *Karen-Blixen-Gartencafé*. Wer erkunden möchte, wo Blixens große Liebe, Denys Finch Hatton, begraben liegt – der Taxifahrer wird es wissen: weitere 30 Minuten Fahrt in Richtung Ngong-Berge.

Langata Giraffe Centre **[114 C1]**
18 km vom Stadtzentrum entfernt. Hier kann man aus nächster Nähe Rothschild-Giraffen betrachten und füttern. *Tgl. 9–17.30 Uhr, Eintritt ca. 7 Euro, Gogo Falls Road, Langata*

Nairobi National Park **[114–115 C–D1]**
★ 7 km vom Zentrum entfernt liegt auf 117 km² einer der kleinsten Nationalparks Kenias. Man kann im Mietwagen fahren, ein Taxi nehmen oder sich einer Rundfahrt anschließen (wird in fast allen größeren Hotels angeboten). Gleich hinter der Parkeinfahrt bietet sich ein grandioser Blick auf weites Grasland. Vor der Skyline von Nairobi grasen Büffel, Gnus, Zebras, Giraffen und Antilopen, sitzen Paviane und Meerkatzen. Wenn man Glück hat, kreuzt ein Nashorn den Weg. Nur Elefanten gibt's nicht, und auch die Löwen sind abgewandert. Am *Hippo Pool* kann man das Auto stehen lassen, zu Fuß durch ein Schirmakazien-Wäldchen am Flussufer spazieren und nach Krokodilen und Flusspferden Ausschau halten. Beste Zeit: der frühe Morgen oder späte Nachmittag. *Tgl. 6.30 bis 19 Uhr, Parkeintritt 20 Euro*

Ngong-Berge **[114 C1–2]**
»Die Luft hier oben ist wie Champagner, die Landschaft atmet Größe.« So schwärmte Baronin Karen Blixen, die am Fuße der Ngong-Berge ihre Kaffeefarm hatte. Die Fahrt, 20 km von Nairobi, lohnt: Von den Ngongs bietet sich ein atemberaubender Blick auf die Landschaft des Rift Valley, des Ostafrikanischen Grabenbruchs. Bei klarer Sicht ist der Gipfel des 300 km entfernten Kilimandscharo zu erkennen. Bei einer Wanderung über den Berggrat empfiehlt es sich, an der Eingangsbarriere (geringes Eintrittsgeld) einen bewaffneten Polizisten mitzunehmen. Es hat mehrfach Überfälle gegeben.

Langata Giraffe Centre bei Nairobi

Urlaubsparadies am Indischen Ozean

Einsame Buchten, weißer Sandstrand, von Palmen gesäumt, türkisfarbene Fluten, die Wassertemperatur nie unter 21 Grad

Straßenverkäufer an der Küste

Über 400 km – vom Archipel Lamu im Norden bis nach Vanga an der tansanischen Grenze im Süden – bildet der Indische Ozean die Ostgrenze Kenias. Mangrovensümpfe und einsame Buchten, Korallenfelsen, gelegentlich feinsandiger Strand – das macht die charakteristische Landschaft der Nordküste von Lamu bis Mombasa aus.

An der Südküste, von Mombasa bis nach Vanga, bestimmen überwiegend weite weiße Sandstrände, gesäumt von Palmenhainen, das Bild. Der Küste fast auf der ganzen Länge vorgelagert ist ein Korallenriff: eine natürliche Barriere, an der sich die Wellen des Ozeans brechen und die die Haie fernhält. Üppiger tropischer Urwald bedeckte früher das Hinterland. Heute ist nur noch knapp ein Zehntel erhalten, der Rest wurde abgeholzt, um Kokos- und Sisalplantagen Platz zu machen – und Hotelanlagen. Nur zehn bis fünfzehn Minuten dauert die Überfahrt mit der Fähre von Mombasa über die Kilindini-Bay, die »Bucht des tiefen Wassers«, hinüber zum Festland, zur Südküste. Dieses Urlaubsparadies ist auf einer Länge von 70 km touristisch erschlossen.

Charakteristisch für das Landschaftsbild sind die Baobab-, die Affenbrotbäume. Die Legende will, dass sie der Teufel einst im Zorn gepflanzt hat, verkehrt herum, mit den Wurzeln nach oben. So sehen sie tatsächlich aus, knorrige Riesen, Hunderte von Jahren alt, die flaschenkürbisgleichen Stämme 15 und mehr Meter dick. In den Zweigen turnen weißbärtige Colobus-Affen, lärmen Nashornvögel. Den Einheimischen sind die Bäume heilig. In den Baobabs und in ihrer Umgebung, so glauben sie, halten sich die Geister Verstorbener auf.

Ostafrikas Küste ist eine geschichtsträchtige Region. Lange bevor das Innere des »dunklen Kontinents« entdeckt und erforscht wur-

Eine selbst gebaute Dhau zu segeln will gelernt sein

Palmen und weißer Sand am Diani Beach

de, herrschte hier bereits reger Reiseverkehr. Die erste schriftliche Kunde liefert der »Periplus«, ein Handbuch über die »Küstenschifffahrt im Erythräischen Meer«, geschrieben von einem Kaufmann aus Alexandria im 1. Jh. n. Chr.. Araber, Türken, Inder, Chinesen, alle seefahrenden Nationen des Orients kamen und gingen. Die Portugiesen setzten sich ein Jahrhundert lang fest, bis die Omani sie vertrieben und die Küste ihrer Herrschaft unterwarfen. 1888 »überzeugte« die Kolonialmacht Großbritannien den Sultan von Sansibar, das Gebiet der britischen Krone zu überlassen. Auch die Deutschen waren nicht uninteressiert. Ein noch erhaltenes Postamt auf der Insel Lamu ist der Beweis: das erste Postamt, das außerhalb Deutschlands errichtet wurde. Die Vergangenheit ist nicht ohne Einfluss geblieben. Arabien und Asien haben Sprache, Kultur und Religion an der Küste geprägt. Heute sind es die Feriengäste, die für Veränderung sorgen. Weite Teile der Küste sind touristisch erschlossen, vor allem die Region um Mombasa und Malindi sowie der Küstenstreifen zwischen Mombasa und Diani Beach. Das Hotelangebot reicht vom Fünf-Sterne-Luxus bis zum Zelt unter Palmen direkt am Strand. Von wenigen Ausnahmen abgesehen, haben sich die Architekten erfolgreich bemüht, die Betonsilos europäischer Urlaubshochburgen zu vermeiden. Die Hotels sind der Landschaft angepasst, eingebettet zumeist in tropische Gartenanlagen, mit alten Baobab-Bäumen, Palmen, rot, orange und weiß blühenden Bougainvilleen. Der Baustil ist nicht selten afrikanischen Vorbildern entlehnt, Rundhütten mit luftigen Makuti-Dächern (mit Bananen- und Palmenblättern gedeckt). Der Komfort ist aber europäisch – Swimmingpool, Dusche, Bad, Klimaanlage sind selbstverständlich.

Wer nicht nur faulenzen möchte, für den gibt es eine Vielzahl von Möglichkeiten. Eine Fahrt mit der Dhau zum Korallenriff, ein Besuch der Unterwasserparks, Schnorcheln, Tauchen, Hochseeangeln, Tennis, Golf, Abstecher ins Hinterland, in die Dörfer der Giriama, oder zu den Inseln im Lamu-Archipel – oder aber ein festliches Hummeressen unter dem Sternenhimmel. Ausflüge und Sportmöglichkeiten werden in allen Hotels angeboten. Außerdem stehen Mietwagen zur Verfügung. Voll wird es an der gesamten Küste zumeist von Dezember bis Januar und noch einmal im Juli und August. Dann sollte man unbedingt eine feste Reservierung haben.

Seit Urlauber Kenias Küste besuchen, gibt es die Frage, welche Region schöner ist, die Nord- oder die Südküste. Viele der in Kenia lebenden Europäer haben ihre Urlaubsdomizile an der Nordküste gebaut, vor allem in der Gegend von Nyali, und schwören, dass es nichts Schöneres gäbe. Die Anhänger weiter Sandstrände dagegen bevorzugen die Südküste. Ohne Zweifel sind die Strände im Norden auf kleinere Buchten und Abschnitte begrenzt, lassen schmale Küstenstreifen ausgedehnte Strandspaziergänge zumeist nur bei Ebbe zu. Und in der Regenzeit färbt sich vor allem bei Malindi das sonst klare Wasser des Indischen Ozeans rotbraun, von den Schlammmassen, die der Sabaki River dann ins Meer spült. Doch auf weiten Strecken ist die Nordküste ursprünglicher.

Eine gut ausgebaute Straße führt parallel zur Küste von Mombasa nach Malindi. Auf der fruchtbaren Ebene dehnen sich endlos Ananas-, Kokos- und Sisalplantagen, überragt von mächtigen Baobabs. Nördlich von Malindi wird es einsamer, hier endet vorläufig die touristische Erschließung, eine Piste führt an dem Sumpfdelta des Tana-Flusses vorbei weiter in Richtung Norden, über Garsen bis nach Mokowe. Von dort gibt es eine Fährverbindung nach Lamu. Von Malindi bis Lamu sind es 225 km. Eine Strecke, die man besser nur in der Trockenzeit fahren sollte.

MARCO POLO Highlights »Die Küste«

★ **Tamarind**
Das beste Seafood-Restaurant von Mombasa (Seite 55)

★ **Watamu**
Dorado für Sportfischer – Jagd auf Haie (Seite 52)

★ **Diani Beach**
Der schönste Strand Kenias (Seite 44)

★ **Gedi National Monument**
Ruinen einer geheimnisumwitterten Siedlung aus dem 13. Jh. (Seite 51)

★ **Lamu**
Das vergessene Paradies. Eine kleine Insel, auf der die Zeit stehen geblieben scheint (Seite 47)

Mit Sicherheit

Anmerkungen zur aktuellen Sicherheitslage

Zwar sind nach zwei Anschlägen auf israelische Einrichtungen im November 2002, zu denen sich Al Kaida bekannte, bisher keine weiteren Aktivitäten bekannt geworden, doch das deutsche Auswärtige Amt rät nach wie vor zu »besonderer Vorsicht und Wachsamkeit, insbesondere auf öffentlichen Plätzen, an religiösen Stätten sowie beim Besuch von touristischen Sehenswürdigkeiten«. Erhebliche Probleme bereitet die in den letzten Jahren sprunghaft angestiegene Kriminalität. Die neue Regierung versucht mit verschärften Sicherheitsmaßnahmen durchzugreifen – Polizeistreifen in Nairobi und an der Küste wurden verstärkt, auf besonders gefährdeten Routen gibt es bewaffneten Begleitschutz für die Safaribusse. Wer mit renommierten Unternehmen auf Safari geht, kann sich im Prinzip sicher fühlen. Wer auf eigene Faust fährt, sollte sich vorher über die Situation in der Region erkundigen. Eine erhöhte Gefahr von bewaffneten Überfällen besteht in den nördlichen und nordöstlichen Landesteilen sowie in der Küstenregion nördlich von Malindi und auf den Reiserouten auf dem Landweg in die Nordostprovinz sowie in die nördliche Küstenprovinz. In der Regel gilt: kein Bargeld, keine Wertsachen zum Strandspaziergang mitnehmen, nach Einbruch der Dunkelheit keine Ausflüge zu Fuß unternehmen, vor allem nicht in Nairobi und Mombasa. Fahren Sie im Taxi zum Restaurant oder in die Disko.

BAMBURI BEACH

[123 E4] Nördlich von Mombasa erstrecken sich auf einer Länge von 40 km die Strände der Nordküste. Ferienanlagen bestimmen das Bild. Unmittelbar an Mombasa schließt sich Nyali-Beach an, das beliebte Ausflugsziel der Städter am Wochenende. Es folgt Bamburi-Beach, ein reizvoller Strand, 13 km von Mombasa. Allerdings erhebt sich 1 km landeinwärts die größte Zementfabrik Kenias. Der schönste Küstenabschnitt beginnt 20 km nördlich von Mombasa mit Shanzu Beach, ein weiter Sandstrand, der sich, von Felsen unterbrochen, bis zur tief eingeschnittenen Bucht des Mtwapa Creeks erstreckt. Daran schließt sich Kikambala an.

SEHENSWERTES

Haller Park **[123 E4]** Insider Tipp

Wer sich für Umweltschutz und -sanierung interessiert, sollte unbedingt dem Projekt des Schweizer Agronomen René Haller einen Besuch abstatten. Er beweist, dass es möglich ist, eine tote Steinwüste wieder in blühendes Leben zu verwandeln. Innerhalb von zwei Jahrzehnten hat er aus einer Mondlandschaft, die der großflächige Abbau von Korallenstein für die Zementfabrik in Bamburi hinterlassen hatte, ein kleines Paradies geschaffen: schattigen Wald, grüne Wiesen, Teiche und eine vielfältige Tierwelt. Der Haller Park ist von Experten aus aller Welt anerkannt. *In der Nähe des Hotels Severin Sea Lodge, tgl. 8–17 Uhr, Eintritt ca. 5 Euro*

Mamba Crocodile Village [123 E4]
Krokodilfarm in der Nachbarschaft des Mamba Nachtclubs, nördlich von Mombasa, gegenüber vom Nyali Golf Club. *Eintritt ca. 5 Euro*

ESSEN & TRINKEN

Imani Dhow
Restaurant mit besonderer Atmosphäre, auf einer ausgebauten Dhau. Empfehlenswert: Hummerspezialitäten. Im Hotel *Severin Sea Lodge, Bamburi Road, Tel. 41/48 52 73, €€€*

Minar
Wer indische Küche mag, ist hier bestens aufgehoben. Das Minar ist eine Restaurantkette, die auch in Nairobi vertreten ist. *Links Road, Nyali (in der Nähe des Golf Club), Tel. 41/47 12 20, €€*

Insider Tipp **Moorings Restaurant**
Schwimmendes Restaurant im Mtwapa Creek, vor der Nyali-Brücke (von Bamburi Beach aus) die letzte Straße links, dann ausgeschildert. Exzellente Küche, bevorzugtes Lokal der Segler und Sportfischer. *Tel. 41/48 70 14, €€*

Ziga Restaurant
Authentische kenianische Swahili-Küche, mit *nyama choma,* Fleisch vom Grill, serviert im Freien unter einem Makuti-Dach. *So geschl., Bombolulu Cultural Centre, Nyali, €*

ÜBERNACHTEN

Nyali, Bamburi- und Shanzu-Beach ist die Küstenregion Kenias mit der größten Anzahl an Fünfsternehotels. Dazu besteht ein reiches Angebot an komfortablen Unterkünften der mittleren und unteren Preisklasse.

African Safari Club
Vier Hotels, *Paradise Beach, Shanzu Beach, Coral Beach, Palm Beach,* zu einer Ferienanlage vereint. Großer Park, weißer Sandstrand. Überwiegend deutsches Publikum. *Buchung: African Safari Club Mombasa, Tel. 41/548 55 20, Fax 548 59 09, €€*

Fisherman's Inn
Am Ende der Nyali Beach gelegen, ein einfaches, aber gut geführtes Hotel. Pool, Zugang zum Strand über das benachbarte Reef Hotel. *10 Zi., 12 App., Tel. 41/22 47 04, €*

Nyali Beach Hotel
Beliebtes Hotel der Nordküste. *226 Zi., P.O.B. Mombasa 90581, Tel. 41/47 15 51, Fax 47 19 87, €€€*

Serena Beach Hotel
Äußerst angenehmes, im alten Lamu-Stil gehaltenes Hotel, mit großartigem Blick auf den Ozean. *166 Zi., Shanzu Beach, Mombasa, P.O.B. 90352, Tel. 41/548 57 21, Fax 548 54 53, 62578620@eln.attmail.com, €€€*

Tamarind Village Insider Tipp
Für alle, die ein privates Apartment einem Hotel vorziehen. Eine mit allen Komfort ausgestattete Anlage

im Swahili-Stil, mit tropischem Garten, Pool, Blick auf den alten Hafen. *22 Apartments, Nyali, Tel. 41/ 47 44 07, Fax 47 30 73, www.tamarind.co.ke,* €€

Whitesands

Eines der ältesten Hotels der Nordküste, 1928 von Siedlern errichtet. Ein Hauch des Charmes von damals ist erhalten geblieben. *340 Zi., Shanzu Beach, Malindi Road, Mombasa, P. O. B. 90173, Tel. 41/ 548 59 26, Fax 548 56 52, www.sarova.co.ke,* €€

FREIZEIT & SPORT

Hochseeangeln

Gute Gelegenheiten in Mombasa: *Reef Hotel, P. O. B. 82234, Tel. 40/520 15;* am Mtwapa Creek: *James Adcock, P.O.B. 95693, Nyali, Tel./Fax 41/48 55 27;* Ausflug für 4 Personen mit Ausrüstung ca. 400 Euro. Saison: August–Ende März.

Tauchen, Schnorcheln und Surfen ist praktisch überall möglich. Die meisten Hotels verfügen über eigene Squash- und Tennisplätze. Golfplätze gibt es in Mombasa und in Nyali (9 Löcher).

AM ABEND

Wer sich nicht in die Unwägbarkeiten einheimischer »Nightclubs« und Diskos stürzen möchte, für den gibt es die *Nyali Blues Disco* und das Spielkasino *Let it ride,* beide im Nyali Beach Hotel, oder den *Starion Night Club* im Silver Beach Hotel.

DIANI/TIWI BEACH

[123 D5] Etwa 30 km südlich von Mombasa liegen zwei der schönsten Strände der kenianischen Küste: ★ *Diani Beach* und *Tiwi Beach.* Weite weiße Sandstrände, von Palmen gesäumt, geschützt durch vor-

Fliegende Händlerinnen am Diani Beach

gelagerte Korallenriffs. Ideal zum Schwimmen, Schnorcheln und Windsurfen. Das Wasser wird von keinem Flusslauf braun gefärbt, nur Seetang kann nach stürmischem Wetter gelegentlich zur Plage werden. Die Vorzüge dieses Küstenabschnitts sind allerdings nicht verborgen geblieben: Inzwischen reiht sich hier ein Hotel an das andere. Besonders zur Hochsaison (Dezember/Januar) kann es am Diani Beach voll werden. Einsamer ist Tiwi Beach, dafür ist dort aber das Risiko größer, überfallen zu werden.

ESSEN & TRINKEN

Ali Barbour's
Ein originelles Restaurant in einer ausgebauten Felsgrotte. Nur abends. *Zwischen Trade Winds Hotel und Diani Sea Lodge, Tel. 40/320 20 33,* €€€

Fishermen's Café
Italienisches Restaurant: Fisch und Meeresfrüchte, Fleischgerichte, Pizzas. *Diani Beach, am Baobab Hotel und den White Rose Villas vorbei, gegenüber vom Galu Kinondo Supermarket Richtung Strand (Transport vom Hotel wird auf Wunsch kostenlos organisiert), Tel. 40/20 63 und 0733/82 28 70,* €

Gallus
Kleines Restaurant, internationale und kenianische Küche. Nur mittags geöffnet. *Im Diani Shopping Centre, Diani Beach Road,* €

ÜBERNACHTEN

Diani Beachalets
Einfache, aber saubere Strandhütten *(bandas)* und Bungalows, Letztere mit eigenem Bad und Kochgelegenheit, wenige Schritte zum Strand. *Tel./Fax 40/320 21 80,* €

Diani House
Geräumige, aber einfache Privatunterkunft im Kolonialstil bei einem jungen britischen Ehepaar, auf malerischem Grundstück am Ozean. *4 Zi., P.O.B. Ukunda 19, Tel. 40/320 34 87, info@dianihouse.com,* €

Indian Ocean Beach Club
Cottages in einer tropischen Gartenanlage mit uralten Baobabs, gestaltet im Stil eines Swahili Dorfes. Blick auf den Indischen Ozean, in der Nachbarschaft die Ruinen einer Moschee aus dem 16. Jh. *100 Zi., P.O.B. Ukunda 73, Tel. 40/320 37 30, Fax 35 57,* €€€

Jadini Beach Hotel/ Africana Sea Lodge
Zwei nebeneinander liegende Hotelkomplexe der Alliance-Gruppe. Gepflegte Anlage in tropischem Garten, Pools, Tennisplätze, Bars, Diskothek. *Zusammen 320 Zi., P.O.B. 90690, Mombasa, Tel. 40/320 20 21, Fax 320 22 69, www.alliancehotels.com,* €€

Kaskazi Beach Hotel
Neue Hotelanlage, interessante Architektur, angenehme Atmosphäre. *193 Zi., Ukunda, P.O.B. 135, Tel. 40/320 37 25, Fax 22 33, kaskazi@africaonline.co.ke,* €€

Nomad Beach Bandas
Ein Camp unter Palmen, wenige Meter von der Brandung des Indischen Ozeans entfernt – angenehme Atmosphäre, geräumige Cottages, mit Dusche und Toilette. *50*

Eine Insel für Robinson: Wasini Island bei Shimoni

Betten, Ukunda, P. O. B. 1, Tel. 40/ 21 56, Fax 23 91, nomad@africaonline.co.ke, €

Sand Island Beach Cottages
Einfache, aber mit allem Notwendigen versehene Bungalows auf grünem Rasen unter Palmen. Von der Veranda blickt man direkt aufs Wasser. Für Selbstversorger ist eine Kochgelegenheit da. Ein Koch kann »gemietet« werden. *P.O.B. 9606, Tel. 40/512 33, Fax 512 01, hatfield@form-net.com, €*

FREIZEIT & SPORT

Sportfischen: *Nomad Boats, Diani Beach, Tel. 40/21 56;* Tiefseetauchen: *Diani Marine Divers Village* ist eine Tauchbasis, die auch Unterkunftsmöglichkeiten bietet, und unter deutscher Leitung steht. Zweigstellen im *Hotel Kaskazi* und in der *Diani Sea Lodge; www.dianimarine.com*

AM ABEND

Der Treffpunkt am Abend ist die *Forty Thieves Beach Bar* mit Blick auf Strand und Meer, wenige Meter vom *Ali Barbour's Restaurant* entfernt. Je später der Abend, desto munterer wird es. Ein unübersehbares Überangebot an »Bushbabys« – wie die weiblichen afrikanischen Gäste auf der Suche nach zahlungswilliger Kundschaft abschätzig genannt werden – bieten der *Shakatak Nightclub* und der *Bush Baby Night Club*, beide jeweils Restaurant und Nachtclub unter freiem Himmel.

Insider Tipp

ZIELE IN DER UMGEBUNG

Msambweni **[123 D6]**
15 km von Diani Beach entfernt, an der traumhaften Südküste, liegt dieses kleine Fischerdorf in einer bisher touristisch kaum erschlossenen Region. Der *Club Salima* bietet klei-

ne Cottages für Selbstversorger in der Nähe des Strandes, Pool. *Buchung über Let's Go Travel (siehe S. 99), €*

Shimoni **[122–123 C–D6]**
Am südlichen Ende der Küste, fast an der Grenze zu Tansania, liegt Shimoni – Kiswahili für »Ort der großen Höhle«. Ein Paradies für Sportangler und Taucher. Sehr zu empfehlen ist eine Dhau-Fahrt in den Unterwasserpark und zur Insel *Wasini Island.* Schnorchel und Taucherbrille sind an Bord auszuleihen. Insider Tipp Die Unterwasserwelt an den Korallenriffen ist atemberaubend. Auf der Rückfahrt gibt es unter schattigen Bäumen einen mit köstlichen Meeresfrüchten gedeckten Tisch. Zu buchen am *Wasini Island Desk* im *Jadini Beach Hotel, Diani Beach, Tel. 40/320 26 22.* Übernachten können Sie im *Pemba Channel Fishing Club (April–Juli geschl.), Shimoni Village, Tel. 40/520 16, (Buchung über Let's Go Travel, siehe S. 99, €€€)* und in der *Shimoni Reef Lodge*, dem Zentrum für Sporttaucher *(P.O.B. 822 34, Tel. 40/520 15, Fax 47 13 49, €€).*

LAMU-ARCHIPEL

[119 D–E4] Der Küste vorgelagert liegt im äußersten Norden Kenias, nahe der Grenze zu Somalia, eine Inselgruppe. Die drei größten Inseln heißen ★ *Lamu, Pate* und *Manda.*

Weiße Minarette, von denen der Muezzin zum Gebet ruft, ein Labyrinth verwinkelter Gassen, Frauen, die zum Markt gehen, in lange, schwarze Gewänder gekleidet. Vor den weiß gekalkten Häusern sitzen die Männer im *Kanzu*, einem bis auf die Knöchel reichenden Gewand, das Moslem-Käppi auf dem Kopf. Es scheint, als hätten sie immer Zeit. Sie schlürfen ihren Tee, unterhalten sich, beobachten die Vorübergehenden.

Lamu, ein orientalisches Idyll in Afrika. Wenn auch ein Idyll mit Schönheitsfehlern. Berge von Abfall und Unrat faulen in der feuchten Hitze. Das Abwassersystem ist überaltert, wurde es doch gebaut für die Anforderungen eines anderen, des 14. Jhs., der Gründungszeit der Stadt.

Lamus Charme will entdeckt werden. Abgesehen von einem Landrover, der dem *District Commissioner* gehört, gibt es auf der ganzen Insel kein Auto. Einzige Transportmittel sind unzählige Esel – und die Dhaus, die arabischen Segelschiffe mit dem typischen Dreieckssegel. Nach wie vor kreuzen sie im Hafen, bringen Treibstoff, Getränke und Lebensmittel vom Festland.

Lamu war einst eine der reichsten Handelsstädte der Küste, ihre Blütezeit lag im 19. Jh., als unter der Herrschaft der Omani der Handel mit Elfenbein und Sklaven seinen Höhepunkt erreichte. Danach, mit dem Verbot des Sklavenhandels, verfiel die Stadt in einen Dornröschenschlaf. Die Zeit schien stehen geblieben. Ein wenig ist es noch immer so. Nur allmählich bringt die Entwicklung von »drüben«, vom Festland, Wandel auch auf die Insel. Lamu ist heute aufgenommen in die Unesco-Liste des Weltkulturerbes.

Erreichbar ist Lamu entweder mit dem Flugzeug von Nairobi, Mombasa oder Malindi aus oder –

sehr viel preiswerter, aber auch sehr viel zeitraubender – auf dem Landweg: von Mombasa über Malindi nach Mokowe (ca. 8 Stunden). Zurzeit ist aus Sicherheitsgründen allerdings von dieser Verbindung eher abzuraten – auch wenn zumeist eine bewaffnete Eskorte die Fahrzeuge begleitet. Von Mokowe geht es weiter mit der Dhau oder dem Motorboot (die Überfahrt dauert etwa 20 Minuten). Von organisierten Tagesausflügen abgesehen, ist Lamu bis heute vorwiegend das Ziel von Individualtouristen geblieben.

SEHENSWERTES

Den besten Blick auf das Gewirr der engen Gassen, die Minarette der Moscheen, die Häuser im typischen »Lamu-Stil« bietet das Dach des ohnehin besuchenswerten Lamu-Museums.

Zentrum der Stadt ist der Platz vor den mächtigen Mauern des alten Forts, das um 1820 von den Omanis erbaut und in der Kolonialzeit in ein Gefängnis umgewandelt wurde (Fotografieren verboten). Daran schließen sich die Hauptstraße, die Harambee Road, und eine Vielzahl von kleinen Gassen an, in denen vereinzelt noch sehr schöne alte Häuser erhalten sind. Türen, Fenster und Holzbalkone tragen zum Teil sehr kunstvolle reiche Schnitzereien. Lamus Handwerker sind berühmt für ihre prächtigen geschnitzten Türen. In der Altstadt gibt es einige Werkstätten, wo diese auch heute noch hergestellt werden, wie auch die ebenfalls berühmten Lamu-Truhen und die typischen Lamu-Betten mit Pfosten und Baldachin.

Treffpunkt am späten Nachmittag, wenn die Hitze des Tages langsam nachlässt, eine leichte Brise aufkommt, ist die Hafenpier. Auf der Terrasse von *Petley's Inn* finden sich Einheimische ein, Touristen sowie Rucksackreisende, die beschlossen haben, auf Lamu zu überwintern.

MUSEUM

Lamu-Museum
Unbedingt besuchen sollte man das Museum an der Seeseite, neben Petley's Inn. Da ist originalgetreu ein Brautzimmer eingerichtet. Mit Sorgfalt sind Schmuck, Musikinstrumente, Gebrauchsgegenstände und Waffen zusammengetragen – ein guter Einblick in Geschichte, Kultur und Handwerk Lamus und der Swahilis, der »Küstenbewohner«. *Tgl. 8–18 Uhr, Eintritt ca. 3 Euro*

ESSEN & TRINKEN

Downtown und besonders entlang der Hafenpier gibt es eine Vielzahl von kleinen Restaurants, in denen man gut und preiswert essen kann: Meerestiere vor allem in allen Variationen, dazu frisch gepresste Säfte von Mangos, Tamarinden und Passionsfrüchten.

ÜBERNACHTEN

Zahlreiche private Pensionen und Gästehäuser bieten preiswerte und dennoch gute Unterkunft. Man sollte aber nicht zu viel Komfort erwarten, wie etwa eine Klimaanlage. Darüber hinaus gibt es zwei traditionsreiche Hotels und ein einfaches Camp:

Insider Tipp

Peponi Hotel
Das beste Hotel am Platz, wenn auch außerhalb der Stadt, liegt in Shela. Man kann es bei Ebbe von Lamu-Zentrum aus in einer halben Stunde zu Fuß erreichen; bequemer ist eine Fahrt mit der Dhau (Preis aushandeln.) Unterbringung in komfortablen Bungalows. Ideal, um die Besichtigung Lamus mit Badeurlaub zu verbinden – hinter dem Hotel dehnt sich ein kilometerlanger Sandstrand mit meterhohen Dünen. *25 Zi., Lamu, P. O. B. 24, Tel. 42/63 31 54, Fax 63 30 29, info@peponi-lamu.com,* €€€

Petley's Inn
Um Bewohner und Innenstadt Lamus näher kennen zu lernen, empfiehlt sich das Hotel direkt an der Pier. Versuchen Sie eines der Zimmer mit Balkon zur Seeseite zu bekommen (Nr. 1 und 2). *11 Zi., Kenyatta Road, Lamu, P. O. B. 4, Tel. 42/331 07,* €

Kipungani Explorer
Wer für ein paar Tage Robinson Crusoe spielen möchte, kann das am besten in diesem Camp an einer malerischen Lagune. Man wohnt in einfachen Unterkünften, die im Stil der einheimischen Fischerhütten gebaut sind. Statt Glühbirnen gibt es Petroleumlampen; fließendes Wasser und Moskitonetze sind aber vorhanden. *15 Cottages, Mitte April–Ende Juni geschl., Buchung über Let's Go Travel (siehe S. 99),* €€

FREIZEIT & SPORT

Gute Möglichkeit zum Surfen bietet sich vor allem im Ort Shela, südöstlich von Lamu. Das Peponi Hotel vermietet Surfbretter und organisiert auch Bootsfahrten zum Hochseeangeln.

ZIELE IN DER UMGEBUNG

Manda und Pate **[119 D–E4]**
Wer etwas Zeit mitbringt, sollte einen Ausflug auf eine der Nachbarinseln Manda und Pate unternehmen. Manda liegt in Sichtweite gegenüber von Shela. Kein Problem, eine Dhau zu finden, die einen hinüberbringt. Pate ist ungefähr zwei Stunden Bootsfahrt entfernt. Vom Schiffsanlegeplatz in Lamu aus fährt mehrmals täglich ein Motorboot nach Mtangawanda auf Pate. Man sollte allerdings nicht zu knapp planen, europäische Zeitvorstellungen sind hier fehl am Platze. Beide Inseln haben einsame Strände, Ruinen längst untergegangener Städte – Faza und Siyu auf Pate und Takwa auf Manda – und Orte, in denen die Einwohner noch so leben wie seit Generationen. Am nordöstlichen Zipfel von Manda gibt es ein exklusives Inselparadies für 24 Gäste: *Blue Safari Club (Nairobi, P. O. B. 15026, Tel. 20/89 04 44, Fax 21 69 93, 560 Euro pro Person, Vollverpflegung).* Unterkunft in luxuriösen Grashütten. Ideal zum Faulenzen in absoluter Abgeschiedenheit.

Insider Tipp

Matondoni **[119 D4]**
Das Fischerdorf liegt an der Nordküste Lamus uns ist zu Fuß oder auf dem Eselsrücken quer über die Insel von Lamu/Stadt aus erreichbar. Am schönsten ist die Anfahrt allerdings mit dem Boot. Wenn man Glück hat, kann man auf der kleinen Werft den Bau einer Dhau verfolgen.

Shela **[119 D4]**
Ein Fischerdorf im Südosten Lamus, eine halbe Stunde Fußmarsch (nur möglich bei Ebbe) oder 15 Minuten Bootsfahrt vom Hafen entfernt. Hier haben viele Europäer prächtige Villen im Swahili-Stil erworben, daneben die Häuser der Fischer und die pittoreske »Freitags-Moschee«, 1829 gebaut. Hinter Shela erstrecken sich über 12 km weißer Sandstrand mit mächtigen Dünen, unter denen, so heißt es, Hadibu, eine arabische Siedlung aus dem 7. Jh., begraben liegt.

MALINDI

[123 F2] Malindi war die erste Hochburg des Tourismus an der kenianischen Küste. In der Folge haben sich seit den 1930er-Jahren viele Europäer in der zweitgrößten Küstenstadt niedergelassen und sie geprägt. Der ursprüngliche afrikanische Stadtkern mit seiner ins 13. Jh. zurückreichenden, wechselvollen Geschichte wird von Tourismuszentren immer weiter eingeengt: Ferienanlagen, Einkaufszentren, Diskotheken, Bars. Mal waren es überwiegend italienische, dann wieder deutsche Gäste. Zurzeit macht sich die erst langsam wieder abklingende Flaute im kenianischen Tourismus hier besonders bemerkbar – es ist ruhiger geworden in Malindi.

Der schönste Küstenabschnitt ist jener vor dem Driftwood Beach Club – wenn nicht gerade die braunen Fluten des Galana-Flusses das Wasser trüben, wie etwa während der Regenzeit. Von dem kleinen Flughafen bestehen regelmäßige Verbindungen nach Nairobi, Mombasa, Lamu sowie in die Nationalparks Amboseli, Tsavo und Masai Mara.

SEHENSWERTES

Wo einst bis 1873 jeden Freitag öffentlich Sklaven versteigert wurden, steht heute die Juma'a – die »Freitags«-Moschee. An die Zeit der Portugiesen erinnern die Vasco-da-Gama-Kirche aus der ersten Hälfte des 16. Jhs. und das Vasco-da-Gama-Denkmal, beide benannt nach dem portugiesischen Seefahrer.

ESSEN & TRINKEN

Driftwood Club
Beliebter Treffpunkt der weißen Kenianer, vor allem wegen des Grills am Sonntag. *10 Min. südlich von Malindi, Tel. 42/201 55,* **€€**

The Old Man and the Sea Insider Tipp
Nahe der Bootsanlegestelle liegt das Restaurant mit der wohl besten Küche in der Stadt. *Vasco da Gama Road, Tel. 42/311 06,* **€€**

ÜBERNACHTEN

Driftwood Beachclub
Kleine Chalets in großflächiger Grünanlage, Pool. 3 km südlich von Malindi, am Silversands Beach gelegen. *P.O.Box Malindi, Tel. 42/ 20155, Fax 30712, www.driftwoodclub.com,* **€**

Indian Ocean Lodge
Luxuriöse Lodge im Swahili-Stil, mit Meerblick, sehr private Atmosphäre, maximal 8 Gäste. *Tel. 42/ 203 94, Buchung: Savannah Camps, Nairobi P.O.B. 48019, Tel. 20/22 90 09, Fax 21 65 28,* **€€€**

Denkmal für Vasco da Gama in Malindi

Scorpio Villas
In einem üppig blühenden tropischen Garten liegen 17 im Lamu-Stil möblierte Cottages. Swimmingpool, etwa 50 m zum Silversands Strand, überwiegend italienische Gäste. *Tel. 42/201 94, www.kenyabeach.com/scorpio, €*

White Elephant Sea Lodge
Romantisch versteckt im Halbdunkel üppiger tropischer Flora, zwischen Hibiskus- und Frangipaniblüten, mit Zugang zum Strand. Meist italienisches Publikum. *35 Zi., Casuarina Point, P. O. B 948, Malindi, Tel. 42/202 23, Fax 205 28, €€*

FREIZEIT & SPORT

Von wenigen Ausnahmen abgesehen (etwa der Silversands Beach) lohnt es sich nicht, wegen des Strandes in Malindi Urlaub zu machen. Zumal während der Regenzeit die Fluten des Sabaki-Flusses den Indischen Ozean rotbraun färben. Dafür gibt es zum Ausgleich aber zahlreiche Möglichkeiten zu sportlichen Aktivitäten: Windsurfen, Reiten, Tennis, Schnorcheln, Tauchen, Hochseeangeln (Angebote in allen Hotels) und Golf (*Malindi Golf Club* , 9 Löcher).

ZIELE IN DER UMGEBUNG

Gedi
National Monument **[123 E2]**
★ Im dichten Wald uralter Baobab-Bäume verborgen liegen die Ruinen einer arabisch-afrikanischen Stadt, die wahrscheinlich Ende des 13. Jhs. gegründet wurde. Ein Besuch ist vor allem in den späten Nachmittagsstunden ein Erlebnis. Im dichten Dschungel entdecken Sie die Mauern eines ehemals prächtigen Palastes, Moscheen und zerfallene Häuser, dazu vernimmt man die unheimlichen Geräusche des Dschungels. Bis heute ist Ge-

heimnis geblieben, wer die Bewohner der Stadt waren und warum sie, dreihundert Jahre nach der Gründung, offensichtlich in aller Eile Gedi verließen. *15 km außerhalb Malindis bei Watamu, tgl. 7–18 Uhr, Eintritt ca. 3 Euro*

Insider Tipp

National Marine Parks **[123 F2]**

Auf keinen Fall sollten Sie einen Ausflug in die phantastische Unterwasserwelt vor der Küste versäumen. Glasbodenboote der Hotels und kleine Dhaus bringen Gäste zum *Malindi Marine Park* und zum *Watamu Marine Park (Eintritt jeweils ca. 4,50 Euro).* Mit Schnorchel und Taucherbrille kann man prächtige Korallenbänke bewundern und eine unglaubliche Zahl von Fischen aller Farben und Formen. Ein Glasbodenboot für 2 Stunden kostet ca. 30 Euro, eine organisierte Tour pro Person ca. 15 Euro. Die Boote fahren aber, abhängig von den Gezeiten,– nur bei Niedrigwasser aus. *Park: tgl. 7–17.30 Uhr*

Empfehlenswert ist auch eine *Sundowner Cruise*, eine Fahrt mit der Dhau zum Sonnenuntergang in die stillen, vogelreichen Wasser des Mida Creeks, einer von dichten Mangrovenwäldern gesäumten, tief ins Land eingeschnittenen Bucht. Zu buchen über die meisten Hotels.

Watamu **[123 E–F2]**

★ Etwa 25 km südlich von Malindi liegt an der Turtle Bay und der Blue Lagoon einer der schönsten Strandabschnitte der Nordküste, eine weite Bucht, weißer Sandstrand, im Wasser unzählige kleine, bizarr geformte Koralleninseln, die wie *turtles* (Schildkröten) aussehen. Das der Küste vorgelagerte Gebiet, von der Blauen Lagune bis zum Mida Creek, ist geschützter Meeres-Nationalpark. In Watamu/Dorf gibt es besonders für Rucksackreisende eine Reihe von preiswerten und guten privaten Übernachtungsmöglichkeiten. Am besten, man erkundigt sich im Ort.

Angenehm und wunderschön gelegen ist das Hotel *Hemingway's (68 Zi., Watamu, Mida Creek Drive, P. O. B. 267, Tel. 42/326 24, Fax 322 56, hemingways@slh.com, €€€)* direkt an der Bucht, die Zimmer haben Terrassen und Ozeanblick.

Watamu ist das Dorado der Hochseefischer. In der Bucht vor dem *Hemingway's* liegt eine ganze Flotte hochseetüchtiger Fangboote, ausgerüstet mit moderner Elektronik, um die Beute aufzuspüren: Hai, Sailfish und Marlin. Am späten Nachmittag, wenn die Skipper mit ihren Kunden zurückkommen, versammelt sich fachkundiges Publikum am Strand, um den Fang, der gewogen und registriert wird, zu begutachten. Noch ist der Rekord eines Amerikaners zu überbieten, der 1989 vor Watamu einen Blauen Marlin von fünf Zentnern aus dem Wasser zog. Die Fangsaison dauert von Anfang August bis Ende März. Hochsaison für Sailfish und Marlin ist Dezember bis März. Boote mit erfahrener Mannschaft vermieten: *Hemingway's Hotel* und *David und Jeni Slater, Watamu, P. O. B. 147, Tel. 42/320 12.*

Besonders für Taucher interessant ist die gut erhaltene, vielfältige Unterwasserwelt des *Watamu Marine National Park.* Tauchbasis: *Ocean Sports Hotel, Tel. 42/320 08, Fax 32 26.* Tauchkurse: *Aqua Ventures, Tel. 42/324 20, Fax 322 66* (beste Zeit Okt.–März). Windsurfen: *Ha-*

rald Geier's Windsurfing School, P.O.B. 164, Watamu, Tel. 42/ 324 27. Abendliche Treffpunkte sind die *Happy Night Disco* in Nachbarschaft des Hotels Dante und der *Come Back Club.*

MOMBASA

[123 D4] Für die meisten Urlauber ist der Moi International Airport die erste Station auf kenianischem Boden, Mombasa der Ausgangspunkt der Urlaubsreise. Es ist die zweitgrößte Stadt Kenias, der Tiefseehafen der bedeutendste an der ostafrikanischen Küste. Erbaut wurde die Stadt auf einer soliden Korallenriffinsel. Eine Brücke verbindet sie mit der Nordküste. Die Südküste ist nur über eine Fährverbindung erreichbar. Zwei Passagier- und Autofähren verkehren Tag und Nacht.

Mombasa ist auf den ersten Blick eine Stadt, die man schnell hinter sich lassen möchte. Die Luft ist feuchtheiß, die Straßen sind voller Schlaglöcher und Dreck – klapprige Autos, die sich dicht an dicht drängen. Mombasas Reiz erschließt sich auf den zweiten Blick. Es ist das Nebeneinander von Gestern und Heute, das fasziniert, die Kulisse eines vergangenen Jahrhunderts, wie der Alte Hafen, einst das geschäftige Zentrum der Stadt, in dem die großen Dhaus aus Arabien, Indien und Persien vor Anker gingen, um ihre Fracht zu entladen und Sklaven und Elfenbein an Bord zu nehmen. Der Handel mit Sklaven begründete nicht zuletzt den Reichtum des Stadtstaates.

Mombasa war das Tor zum »dunklen Kontinent« Afrika. Von hier zogen die ersten Karawanen ins Landesinnere: Sklavenkarawanen der Araber, Handelskarawanen, von der British East Africa Company beauftragt; ihnen folgten Entdecker, Missionare und Abenteurer.

Exportiert werden dürfen sie nicht mehr: Elefantenzähne, hier aus Metall, das Wahrzeichen Mombasas

Heute gehen moderne Containerschiffe und Luxusliner im Tiefseehafen vor Anker.

Das Faszinierende an Mombasa aber sind die Bewohner und das Erbe einer wechselvollen Vergangenheit, als Eroberer kamen und gingen, Mombasa seinem Namen noch gerecht wurde und eine »kriegerische Insel« war. Heute leben mehr als 665 000 Menschen in den Mauern der Stadt: Afrikaner, Araber, Asiaten, Moslems, Christen, Hindus, Sikhs und Ismailiten. Leider lässt sich nicht leugnen: Auch in Mombasa ist die Kriminalität gestiegen, sind Raubüberfälle zu einem Problem geworden. Auch hier gilt die Regel: keine größeren Geldbeträge, keine Wertsachen zur Schau tragen, auf nächtliche Spaziergänge verzichten, bei Restaurant- und Diskobesuchen ein Taxi nehmen.

Schönes Schnitzwerk ziert viele alte Holztüren in Mombasa

SEHENSWERTES

Zwei riesige Elefantenstoßzähne aus Metall überspannen die Moi Avenue, die Hauptstraße Mombasas. Aus Anlass des Besuchs der britischen Königin 1952 errichtet, sind sie zum Wahrzeichen der Stadt geworden. Moi Avenue und Nkrumah Road, Digo Road und Nyerere Avenue bilden das Zentrum der modernen Innenstadt.

Den besten Eindruck davon, wie die Stadt noch zu Beginn des 20. Jhs. aussah, vermittelt ein Spaziergang durch die Gassen der arabischen Altstadt zwischen dem Alten Hafen im Osten und dem Fort Jesus im Süden. In der *Ndia Kuu Road* und der parallel verlaufenden *Mbaraki Hinawy Road* stehen vereinzelt im Sansibar-Stil gebaute Häuser, mit Holzbalkonen und kunstvoll geschnitzten Türen. Leider bröckeln viele der einst prächtigen Fassaden. Noch immer malerisch der Alte Hafen mit dem Zollhaus, den Schauerleuten, die wie einst barfuß und mit schweißglänzendem Oberkörper die Fracht auf die Dhaus schleppen. Gelegentlich, zur Zeit des Nordostmonsuns zwischen Oktober und März, legen hochseetüchtige Segler aus arabischen Häfen an. Doch die große Zeit der Dhaus ist unwiederbringlich vorbei. Nur im küstennahen Gütertransport werden noch kleine Dhaus eingesetzt. Wer Lust und Zeit hat, wird am Hafen sicher einen Kapitän finden, der Passagiere gegen Bezahlung auf der Fahrt nach Lamu mitnimmt. Vielfalt und

Insider-Tipp

Reichtum der Fischgründe des Indischen Ozeans offenbaren sich am frühen Morgen auf dem *Fish Market* am Alten Hafen. Ebenfalls in der Altstadt findet man die in vier Jahrhunderten verwitterte *Mandhry-Moschee*, die älteste Gebetsstätte der Moslems in Mombasa.

Eher in Asien als in Afrika wähnt man sich, besonders in den späten Nachmittagsstunden, wenn die Gläubigen zur Andacht kommen, bei einem Besuch des *Jain-Temple* in der Langoni Road und des *Lord Shiva Temple* in der Nähe des Jamhuri Parks, der Gebetsstätten der Hindus.

Je nach Jahreszeit lässt die drückende Hitze einen Spaziergang durch Mombasa nicht immer zum Vergnügen geraten. Die Alternative ist eine Dhau-Rundfahrt. Sie beginnt im Neuen Hafen, führt an Containerschiffen und Tankern vorbei um die Insel Mombasa herum und bietet den sicher besten Blick auf das Fort Jesus, die malerischen Häuserfassaden der Altstadt und den Old Port. Nach einer Mittagspause an Land geht es weiter zu den »schwimmenden Märkten« im Tudor Creek, Einheimische bieten in Einbäumen längsseits ihre Waren an: Früchte, Gewürze, Kaffee, Tee, Kangas und Kikois. Angebote vermitteln die meisten Hotels oder Reiseagenturen

MUSEUM

Fort Jesus

Wer durch die Altstadt schlendert, wird unweigerlich hier landen. Eine mächtige Festungsanlage, zwischen 1593 und 1596 von den Portugiesen erbaut. Auf trutzigen Mauern rosten Kanonen, einst gegen türkische und arabische Schiffe aufs Meer gerichtet. Im Inneren des Forts ist eine kleine Ausstellung über Kultur und Geschichte der Küstenregion untergebracht. *National Museum of Kenya, tgl. 8.30–18 Uhr, Eintritt ca. 3 Euro*

ESSEN & TRINKEN

Le Bistro

Zentral gelegen, direkt neben den »Stoßzähnen« in der Moi Avenue. Internationale Küche. *Mittags und abends, €*

Hunters Bar

Überwiegend europäische Küche, angenehme Atmosphäre, auch wenn die Wände mit Jagdtrophäen behängt sind. *So geschl., im Ambalal House, Nkrumah Road, €*

Recoda

Ausgezeichnete kenianische Swahili-Küche in der Altstadt von Mombasa. *Nur abends geöffnet, Mo und Ramadan geschl., Nyeri Street, Old Town, €€*

Tamarind

★ Die kulinarische Krönung eines Mombasa-Aufenthaltes ist zweifellos ein Besuch im Tamarind: ein ehemaliger Harem, stilvoll umgebaut. Auf mondbeschienener Terrasse sitzt man mit Blick auf den Alten Hafen. Die Speisekarte ist eine vielfache Versuchung: angefangen bei der Austernsuppe (oder den überbackenen Kilifi-Austern à la maison), über die fangfrischen Hummer in allen Größen und Variationen der Zubereitung bis zu den Desserts, einem Mango-Soufflé etwa. Tischreservierung unbedingt erforderlich!

Wer außerhalb der Hochsaison in Mombasa Urlaub macht, sollte sich das *Candlelight-Dinner* nicht entgehen lassen. Ein Abendessen im Kerzenlicht an Bord der Dhau des Tamarind, auf den sanften Wellen des Tudor Creek. Romantik unterm funkelnden Kreuz des Südens. Abfahrt um 18.30 Uhr vom Bootssteg des Restaurants. *Restaurant und Dhau: Tel. 41/47 46 00 und 47 17 47, www.tamarinddhow.com,* €€€

Insider Tipp

EINKAUFEN

Moderne Geschäfte sind in der *Moi* und *Nyerere Avenue* zu finden. Orientalische Basaratmosphäre – mit Straßenmärkten und Straßenhändlern – vermittelt die *Digo Road.* Angeboten werden wohlriechende Gewürze und Parfüms, Silberschmuck, Holz- und Seifensteinschnitzereien. Textilien, Kangas vor allem, Kikois und buntbedruckte Stoffe sind in den Läden der *Biashara Street* zu finden. Weniger zum Einkaufen, aber um so mehr zum Sehen und zum Genießen der Atmosphäre geeignet sind die offenen Märkte mit der unverfälscht afrikanischen Lebendigkeit und Vielfalt: der *Municipal Market* (ehemals Mackinnon Market) in der Abdel Nasser Road (Verlängerung der Digo Road) und der *Makupa Market* im Zentrum des Majengo-Viertels.

ÜBERNACHTEN

New Outrigger Hotel
Preiswertes Hotel oberhalb des Kilindini-Hafens, mit Swimmingpool und direktem Zugang zum Strand. *28 Zi., Tel. 41/22 08 22, Fax 31 58 31,* €

Oceanic Hotel
In der Nähe der Fähre, mit Pool, Blick aufs Wasser. *220 Zi., P. O. B. 90371, Kizingo/Mbuyuni Road, Tel. 41/22 34 96 Fax 31 11 93,* €€

Hotel Sapphire
Neues Hotel in der Nähe des Bahnhofs, mit Pool und Restaurant. *32 Zi., Mwembe Tayari Road, Tel. 41/49 48 41,* €

Serena Beach Hotel
Nördlich von Mombasa an der Küste, angenehme Atmosphäre, im Lamu-Stil. *166 Zi., Tel. 41/548 57 21, Fax 48 54 53, mombasa@serena.co.ke,* €€€

AM ABEND

Mombasa ist eine Hafenstadt und das nächtliche Unterhaltungsangebot nicht unbedingt für Klosterschülerinnen geeignet. Die meisten Urlauber ziehen es vor, im Schutz ihrer Hotelburgen zu bleiben. Viele Hotels veranstalten Folklore- und Unterhaltungsabende, mehrere haben eine eigene Diskothek.

Bora Bora Nightclub
Relativ distanziert geht es in diesem Club zu, 10 km nördlich von Mombasa: Diskosound, die Gäste überwiegend Touristen. Der hohe Eintrittspreis (ca. 4 Euro) hält die meisten Kenianer fern. Freien Zutritt, so scheint es, haben nur Afrikanerinnen im kürzesten Mini. Höhepunkt des Abends ist die mitternächtliche Revue afrikanischer Blue Bell Girls. *Malindi Road*

New Florida Club
Fast rund um die Uhr geöffnet für Vergnügungen aller Art, einschließ-

lich Spielkasino. Dependance des New Florida Clubs in Nairobi. *Mama Ngina Drive, Eintritt 2,50 Euro*

Tembo Disco
Lingala und Funk, äußerst lebendige, überwiegend von Kenianern besuchte Disko an der Mombasa-Malindi Road, gegenüber vom Haller Park. *Tel. 41/548 50 78, Eintritt ca. 2,50 Euro*

Toyz
Beliebter Treffpunkt der Einheimischen. Eine Diskothek, in der man sich vor allem am Wochenende bis in den frühen Morgen vergnügt, Afrikaner gemeinsam mit Indern und Weißen. *Baluchi Street, Eintritt ca. 2,50 Euro*

AUSKUNFT

An der Rezeption fast aller Hotels gibt es Prospekte und auskunftsbereites Personal, ansonsten sind Unterlagen über Hotels, Ausflüge und Sportangebote erhältlich im:

Tourist Office Mombasa
Moi Avenue (in der Nähe der »Stoßzähne«), Tel. 41/31 59, 22 34 56, Mo–Fr 9–12 und 14 bis 16.30, Sa 9–12 Uhr

ZIELE IN DER UMGEBUNG

Kilifi [123 E3]
Ein kleiner Ort am Kilifi Creek (55 km). Geeignet vor allem zum Segeln und Windsurfen. Gut untergebracht sind Sie im *Mnarani Club Hotel (84 Zi., Kilifi, P. O. B. 81443, Tel. 41/52 23 18, €€)*. Ein großer Komplex mit eigener Landepiste und Anlegeplatz für Yachten und Motorboote.

Sansibar [0]
Ein Name, der bei vielen Weltenbummlern Sehnsüchte weckt. Sansibar, die legendäre Gewürzinsel vor der Küste Tansanias, ist etwa 200 km von Mombasa entfernt. Erreichbar ist sie mit einer Linienmaschine der Air Kenya oder per Schiff, mit der »Ambassador I«. Die Abfahrten sind allerdings nicht regelmäßig. Außerdem ist ein Visum erforderlich. Erhältlich ist es bei der tansanischen Botschaft in Deutschland (Bonn) oder in Nairobi. Air Kenya bietet je nach Saison Direktflüge inklusive Hotelzimmer zu Sonderpreisen an.

Shimba Hills National Reserve [122–123 C–D5]
Wer nur einen Badeurlaub an der Küste eingeplant hat, aber wenigstens einen Abstecher zu Kenias Tierwelt machen möchte, sollte diesen Park besuchen, ein von Mombasa (30 km) und den Urlaubsorten der Südküste aus leicht erreichbares Ausflugsziel. Es ist ein Naturschutzgebiet mit abwechslungsreicher Landschaft: eine Hügelkette, die bis zu 400 m ansteigt, weites offenes Grasland, zum Teil mit dichtem Busch und Wald bedeckt, bevölkert von Elefanten, Büffeln, Buschböcken und den seltenen Rappenantilopen. Von der Höhe bietet sich ein grandioser Panoramablick auf den Indischen Ozean und auf die Usambara-Berge in Tansania. Im Reservat eine ausgesprochen zünftige Übernachtungsmöglichkeit ist ein »Baumhotel«: *Shimba Hills Lodge (30 Zi., keine Kinder unter 7 Jahre; Buchung über: Block Hotels, P.O.B. 40075 Nairobi, Tel. 20/54 07 80, block1@africaonline.co.ke, €€). Parkeintritt: ca. 20 Euro*

Im Garten Eden

Im Geländewagen geht es zur Pirschfahrt – auf roter Piste, die sich am fernen Horizont zwischen grünen Hügeln in der Weite der Savanne verliert

Masai-Frau mit Kindern

Eine Nacht am Lagerfeuer, mitten in der Wildnis, unter dem funkelnden Sternenhimmel Ostafrikas, ringsum ein vielstimmiges Konzert: das Schnaufen der Flusspferde, das Brüllen eines Löwen, das einem das Blut in den Adern gerinnen lässt, wenn man es zum ersten Mal hört, das Geräusch von brechenden Ästen – vielleicht ist eine Elefantenherde in der Nähe ... Aber irgendwann schlafen Sie dann doch unter dem Zeltdach ein.

Am nächsten Morgen geht's zum ersten *Game Drive*, zur Pirschfahrt im Geländewagen, in die aufgehende Sonne hinein, in eine Landschaft, die an den Garten Eden erinnert. Die rote Erdpiste verliert sich irgendwo am Horizont zwischen grünen Hügeln. Von der Schirmakaziengruppe äugt ein Giraffenpärchen herüber, eine Gnuherde jagt in Galoppsprüngen über die Ebene. Drüben grasen Zebras, mit balletreifen Schritten versuchen zwei Strauße dem Wagen auszuweichen, in der Ferne die massigen Körper von Elefanten. Auf einem Hügel liegt eine Löwin mit ihren Jungen. Daneben, im dichten Gebüsch fast verborgen, mit einer prächtigen Mähne, das Familienoberhaupt. Die Sonne steht schon hoch am Himmel, und im Camp wartet das Frühstück. Am späten Nachmittag geht es dann noch einmal hinaus, diesmal hinunter zum Fluss. Krokodile liegen träge am Ufer, Flusspferde prusten im Wasser, eine Büffelherde bricht durch das Dickicht; im letzten Licht der untergehenden Sonne: ein Gepard, der in der Nähe einer Impalaherde auf sein Abendessen lauert.

Der Besuch der Nationalparks in Kenia ist ein faszinierendes Erlebnis mit vielfältigen Möglichkeiten. Man kann sich im Safaribus von einem Fahrer durch die Parks chauffieren lassen und abends in einer komfortablen Lodge übernachten. Wer es exklusiv mag, kann eine Luxuszeltsafari nach eigenen Vorstellungen zusammenstellen. In jedem Zelt gibt es Dusche und Toilette, Moskitonetze und Petroleumlampen. Unter freiem Himmel wird der Sun-

Im Heißluftballon über die Masai Mara, tief unten grasende Elefanten, Gnuherden und Büffel

downer und später, an üppig gedeckten Tafeln, das Abendessen im Kerzenschein serviert.

Um etliches billiger sind Safaris auf den harten Pritschen offener LKWs. Sie übernachten im selbst aufgebauten Zelt, für das leibliche Wohl sorgt ein Koch. Sie können Ihre Safari auch selbst organisieren. Das setzt aber ein Mindestmaß an fahrerischem Können voraus und die Fähigkeit, sich auf ungewöhnliche Situationen einzustellen. In Mombasa und Nairobi vermieten Leihwagenfirmen auch Geländefahrzeuge. Wenn man sich auf die Hauptrouten beschränkt, genügt im Amboseli, Tsavo und in der Masai Mara ein PKW. Sicherer, wenn auch teurer, ist ein Wagen mit Allradantrieb *(Four Wheel Drive)*. Abgesehen vom hohen Preis ist es die Sicherheitslage, die es angeraten erscheinen lässt, sich eine Überlandsafari auf eigene Faust genau zu überlegen, und sich vorher – z. B. bei der deutschen Botschaft – über die Situation auf der Route zu erkundigen. Auf jeden Fall sollte man immer ausreichend Trinkwasser im Wagen haben und vor der Abfahrt kontrollieren, ob Öl, Wasser, Ersatzreifen in Ordnung und Wagenheber und Schraubenschlüssel vorhanden sind. Es empfiehlt sich, die Lodge, in der man übernachten will, vorher zu buchen. Die Parks schließen um 18 bzw. 19 Uhr, dann kommt man weder hinein noch hinaus, bis zum nächsten Morgen um 6 Uhr. Und nachts im Park zu fahren ist verboten, man könnte für einen Wilderer gehalten werden. Es empfiehlt sich, am Parkeingang oder in der Lodge einen Ranger mitzunehmen (ca. 5 Euro), der weiß, wo welche Tiere zu finden sind.

AMBOSELI

[115 D–E 5–6] ★ Über einer weiten Grassteppe erhebt sich am Horizont ein gewaltiges Bergmassiv, der Gipfel von ewigem Eis bedeckt. Spätestens Ernest Hemingways Buch »Schnee am Kilimandscharo« machte den Amboseli berühmt. Ein Nationalpark nahe der Grenze zu Tansania, besonders in der Trockenzeit ein idealer Platz zur Wildbeobachtung, wenn sich die Tiere um den Amboseli-See sammeln. Leider ist abzusehen, dass der Amboseli Hemingways bald der Vergangenheit angehören wird. Der Grundwasserspiegel ist gestiegen und mit ihm der Salzgehalt des Wassers, was einen großen Teil des Baumbestands vernichtet hat. Der Boden ist zerfurcht von den unzähligen Safaribussen, die auf der Jagd nach Fotomotiven durchs Reservat kurven. Außerdem ist die Elefantenpopulation im Amboseli bedrohlich angewachsen und reduziert den Baumbestand immer weiter. *Parkeintritt ca. 25 Euro*

LODGES

Im Amboseli gibt es einige komfortable Lodges, manche mit kleinem Pool, guter Küche und besten Möglichkeiten der Wildbeobachtung. Die meisten bieten so genannte *Air packages* an, d. h. Hin- und Rückflug von Nairobi oder Mombasa mit Übernachtung (Auskunft im Hotel oder Reisebüro).

Amboseli Serena Lodge
Die nobelste der Lodges im Amboseli ist im Stil der Masai-Hütten gebaut. Vom Swimmingpool aus

haben Sie einen herrlichen Blick auf den Kilimandscharo. *96 Zi., Tel. 452 23 61, Fax 20/21 99 82, ksc@africaonline.co.ke,* €€€

Ol Tukai Lodge
Geschmackvoll eingerichtete kleine Chalets. Schöner Pool, Blick auf den Kili. *80 Zi., Tel. 45/62 22 75, Buchung Nairobi, Tel. 20/54 07 80, Fax 54 08 21,* €€€

Tortilis Camp
Malerisch gelegenes Camp im Südwesten des Parks. 15 komfortable Zelte mit Bad, von der eigenen Veranda großartiger Blick auf den Kilimandscharo. *Tel. 45/221 97, Buchung Nairobi, Tel. 20/60 40 53, Fax 60 30 66, reservations@chelipeacock.co,* €€€

ZIEL IN DER UMGEBUNG

Kilimandscharo **[120 B–C 1–2]**
★ Etwa 200 km von Namanga, dem Grenzübergang von Kenia nach Tansania, entfernt liegen *Moshi* und, 20 km von Moshi, *Marangu,* die besten Ausgangspunkte für eine Besteigung des Kilimandscharo – oder aber auch nur für eine Bergwanderung an den Hängen.

Bergsteigerische Erfahrung ist nicht erforderlich. Allerdings macht die dünne Luft (5895 m) erheblich zu schaffen. Grundregel: allmähliche Gewöhnung an die Höhenunterschiede! Im Allgemeinen rechnet man für den Auf- und Abstieg fünf Tage. Von den drei Kratern des Bergmassivs – Mawenzi, Kibo und Shira – ist der Kibo das Ziel der meisten Besucher. Die erste Etappe führt zunächst durch Kaffeeplantagen, dann durch dichten Regenwald mit Baumriesen, bunten Blüten und Schmetterlingen. Gelegentlich guckt neugierig ein weißbärtiger Colobus-Affe durchs Geäst. Nach drei bis vier Stunden ist die *Mandara-Hütte* in 2750 m Höhe erreicht. Auf schmalem, steilem Pfad geht's am nächsten Tag weiter durch dichten Regenwald. Die Geräusche des Waldes werden übertönt vom Rauschen der zahllosen Bäche und Wasserfälle, die aus eisigen Höhen in die Tiefe stürzen.

Dann plötzlich öffnet sich die Landschaft, der Pfad führt durch weites Hochmoor. Der Blick ist frei

MARCO POLO Highlights »Nationalparks«

★ **Masai Mara**
Ein grandioses Panorama: endlose Savanne, riesige Büffel- und Elefantenherden (Seite 63)

★ **Kilimandscharo**
Aufstieg zum »Berg des bösen Geistes« (Seite 61)

★ **Amboseli**
Wildbeobachtung vor der grandiosen Kulisse des Kilimandscharo (Seite 60)

★ **Tsavo West**
Beobachten Sie im Tsavo West das Wasserballett der Flusspferde (Seite 65)

Wandergruppe am Fuß des Kilimandscharo

auf den silbern glänzenden Schneegipfel des Kibo und die dunklen Zacken des Mawenzi. Der Weg ist bequem, mit nur geringer Steigung. Der Boden wird felsiger, die Vegetation karger. Die Höhe macht sich bemerkbar. *Pole, pole* – langsam, langsam, mahnen die Träger. Die zweite Nacht wird in der *Horombo-Hütte* verbracht, in 3750 m Höhe.

In bitterer Kälte, der Boden ist bereits gefroren, geht's am nächsten Morgen weiter zur vorletzten Etappe, durch eine typische Höhenvegetation. Die Atemluft wird merklich knapper. Sollten sich Kopfschmerzen, Schwindelgefühl und Übelkeit einstellen, sollte man den Aufstieg besser abbrechen. Fünf bis sechs Stunden dauert es bis zur letzten, der *Kibo-Hütte*, direkt am Fuße des Kibo – in 4700 m Höhe. Die Luft ist eiskalt, kaum jemandem gelingt es zu schlafen. In sternenklarer, eiskalter Nacht, um 1 Uhr morgens, beginnt dann die letzte Etappe: Immer mühsamer wird der Weg. Nach drei Stunden ist die *Hans-Meyer-Höhe* erreicht, benannt nach dem ersten Europäer, der die Höhe 1889 erklomm, und nach weiteren vier Stunden endlich der Kraterrand am *Gillman's Point*. »Nie wieder«, schwören sich die meisten. Doch der Sonnenaufgang und der Blick über die Eis- und Schneefelder des Kraters lassen den Schwur vergessen. Der Abstieg ist mühelos, sieben Stunden bis zur Horombo-Hütte. Die beste Jahreszeit für eine Besteigung des Kilimandscharo – und zugleich Hochsaison (Vorbuchung erforderlich) – ist Dezember bis Februar und Juli/August.

Die Tour kann über Reiseagenturen in Nairobi oder in einem der beiden hier auch für die Übernachtung empfohlenen Hotels in Marangu und Moshi gebucht werden: *Kibo-Hotel (in 1550 m Höhe, 74 Zi., Marangu, P.O.B. 102, Tel./Fax 00255/27/275 13 08, €€); Ma-*

rangu-Hotel (42 Zi., Moshi, P.O.B. 40, Tel. 00255/27/275 65 94, Fax 275 65 91, info@maranguhotel.com, €€). Beide Hotels vermitteln Träger und Bergführer und vermieten auch die nötige Ausrüstung wie Handschuhe, Bergstiefel, Decken, Schlafsack.

MASAI MARA

[113 D3–4, E4] ★ Wenn es trocken wird, der letzte grüne Halm verdorrt ist, der Wind den Staub in hohen Säulen in die Luft wirbelt, sammeln sie sich: Hunderttausende von Weißbartgnus und Zebras, um in einem endlosen Zug weiterzuwandern, dorthin, wo es noch Wasser und Weideplätze gibt. Ein Schauspiel, das sich jedes Jahr wiederholt. Im April formiert sich die erste Marschkolonne auf tansanischer Seite, in der Serengeti-Ebene. Gewöhnlich erreicht der Zug Anfang Juli die Masai Mara. Ende September sammeln sie sich erneut zur Wanderung, die sie wieder in die Serengeti zurückführt, um irgendwann wiederum aufzubrechen. Eine grandiose Szene: die Savanne bis zum Horizont ein wogendes Meer aus Gnuleibern. 3 Mio. Tiere, so schätzen die Experten, bevölkern die Masai Mara, den eindrucksvollsten Nationalpark Kenias. *Mara* heißt in der Sprache der Masai »buntes Durcheinander«. Wer die *Big Five* – Elefant, Nashorn, Büffel, Löwe und Leopard – vor die Kamera bekommen möchte, hier bestehen die besten Chancen. Die Masai Mara ist der einzige Park, in dem man die Pisten mit dem Wagen verlassen darf. *Parkeintritt ca. 13 Euro*

Insider Tipp

LODGES

In der Masai Mara besteht das größte Angebot an komfortablen Lodges und luxuriösen Zeltcamps, *Tented Camps* – die meisten mit Landepiste für kleine Chartermaschinen.

Der »Berg des bösen Geistes«

Der Fluch des Kilimandscharo

Die Wolkendecke ist aufgerissen und gibt den Blick frei auf das Bergmassiv des Kilimandscharo. Silbern schimmern im Morgenlicht die schneebedeckten Hänge des Gipfels. Die Träger stehen bereit. Schlafsäcke und Proviant geschultert, warten sie auf die Gruppe, die sich zum Gipfelsturm anschickt. Goodluck, der Bergführer, ein junger Chagga, erläutert die Route. Und wie immer kann er es nicht lassen, darauf hinzuweisen, dass der Aufstieg nicht ohne Gefahr sei. Bei seinem Volk, den Chagga, heißt der Kilimandscharo der »Berg des bösen Geistes«. Der Überlieferung nach ist er der Sitz von Geistern, und niemandem sei es gestattet gewesen, in ihr Reich vorzudringen. Wer es dennoch wagte, wurde dafür bestraft. Hände und Füße seien erstarrt, der Geist habe sich verwirrt. Viele wurden nie wieder gesehen …

Eine Löwin streift durch die Steppe der Masai Mara

Fig Tree Camp
Zeltcamp am Talek-Fluss. Jedes Zelt mit Dusche und Toilette. *30 Zelte, 30 Blockhütten, Fig Tree Head Office, P. O. B. 40683, Nairobi, Kimathi House, 1st Floor, Kimathi Street, Tel. 20/21 83 10, Fax 33 21 70,* €€

Insider Tipp **Little Governor's Camp**
Das wohl exklusivste Zeltcamp (17 Zelte). Zur Kette gehören *Governor's Camp, G.'s Paradise Camp* und *G.'s Private Camp. P. O. B. 48217, Nairobi, Tel. 20/273 40 00, Fax 79 00 39 92, info@governorscamp.com, www.classicsafaricamps.com,* €€€

Mara Intrepids Club
Nobles Zeltcamp. *30 Zelte, P. O. B. 14040, Nairobi, Buchung über Let's Go Travel (siehe S. 99),* €€€

Masai Mara River Camp
Im Nordosten der Mara, außerhalb des Parks am Mara River gelegenes Camp. *26 Zelte, Buchung: Savannah Camps, P.O.B. 48019, Nairobi, Tel. 20/22 90 09, Fax 21 65 28, savannah@africaonline.co.ke,* €€

Insider Tipp **Olkurruk Mara Lodge**
Lodge mit allem Komfort in einem der schönsten Winkel der Masai Mara. Rundhütten im Masaistil, hoch auf einem Felsen über dem Mara-Fluss: ein Logenplatz zur Wildbeobachtung. Anreise mit Chartermaschine oder Geländewagen (ca. 8 Std. von Nairobi). *19 Hütten, Buchung: Let's Go Travel (siehe S. 99),* €

ZELTPLÄTZE

Außerhalb des Parks, in der Nähe des *Talek Gates*, am Ufer des Talek-Flusses, gibt es Campingplätze mit Toiletten und Wasser. Es empfiehlt sich, am Parkeingang einen bewaffneten Ranger zur Begleitung mitzunehmen (ca. 5 Euro).

AUSFLUG

Insider Tipp

Im Heißluftballon über die Masai Mara

Ein kostspieliges, aber besonderes Erlebnis: Es ist noch dunkel, wenn die Passagiere in die Körbe und in die Höhe steigen. Unten galoppieren Gnus über die Ebene, Büffel stampfen durchs Wasser des Flusslaufs. In sicherer Höhe werden friedlich grasende Elefanten überflogen. Mitten in der Wildnis landet der Ballon. Wenig später kommen die Landrover, wird eine Tafel aufgebaut, das Champagnerfrühstück serviert. Buchung über die Lodges der Masai Mara oder im Reisebüro in Nairobi. *Ende Juni–Anf. April, 3 Std. ca. 315 Euro pro Person*

TSAVO

[116–117 C–D 4–6, 121 D–E 1–4]
Links und rechts der Hauptstraße A 109, die von Nairobi nach Mombasa führt, liegt der größte Nationalpark Kenias: Tsavo East und Tsavo West. Weite Savanne, sanft ansteigende Hügel, roter Lateritboden, grüne Akazienwälder, ein Flusslauf, das Ufer mit Palmen gesäumt. Felsschluchten, Vulkankegel – und am Horizont, »unendlich weiß«, der Kilimandscharo. Weite Teile, vor allem im Tsavo East, sind Besuchern nicht zugänglich. Hier versuchen Sondereinheiten der kenianischen Regierung, der gut organisierten Wildererbanden Herr zu werden. Ende der 1960er-Jahre bevölkerten 20 000 Elefanten den Tsavo, heute sind es, nach einer letzten Zählung, nur noch 6000. *Parkeintritt ca. 23 Euro (jeweils für Tsavo East und Tsavo West)*

SEHENSWERTES

Tsavo West [121 D–E 1–4]

★ Landschaftlich reizvoll und zur Tierbeobachtung gut geeignet sind die *Mzima Springs*, ein Gletschersee mit klarem Wasser, in dem Fische, Krokodile und Flusspferde leben. Man kann sie von einem Unterwassertank aus durch Glas beobachten. Lohnende Ziele: der Vulkan *Shetani* (»Teufel«) und *Poacher's Outlook*, ein beeindruckender Aussichtspunkt.

Insider Tipp

LODGES

Voi Safari Lodge

Auf einem Fels über der Savanne bietet die Terrasse einen Superblick über die Ebene des Tsavo East. Das Wasserloch unterhalb des Pools ist viel besuchter Treffpunkt insbesondere der roten Elefanten des Parks, die sich mit eisenoxydhaltiger Lateriterde »eingepudert« haben. *52 Zi., 4 km vom Parkeingang Voi Gate (Tsavo East), Tel. 43/300 19,* €€€

Insider Tipp

Tsavo West Finch Hatton

Luxuscamp im Busch, im Nordwesten des Parks, mit Blick auf den Kilimandscharo. Unterkunft in 35 luxuriösen Zelten (Bad und Terrasse). Tel. 45/224 67, *Buchung: Nairobi, P.O.B. 24423, Tel. 20/31 03 35, Fax 21 77 78, finchhattons@iconnect.co.ke,* €€€

Tsavo West Kilaguni Lodge

Schön gelegene Lodge, von der Terrasse blickt man auf die Chyulu Hills und den Kilimandscharo, an der Wasserstelle gibt's viele Tiere. *Buchung: Serena Hotels, P.O.Box 48690, Nairobi, Tel. 20/711077, mktg@serena.co.ke,* €€

Vulkankegel, der See der Flamingos

Der Ostafrikanische Grabenbruch – eine tiefe Narbe in der Erdkruste. Auf der Sohle eine Kette von Seen, an den Schultern die höchsten Berge Kenias

Das Rift Valley, der Große Ostafrikanische Grabenbruch, ist Teil eines tiefen Risses, der sich auf einer Länge von mehr als 9000 km über den afrikanischen Kontinent zieht, vom Libanon im Norden bis nach Mosambik im Süden – eine tiefe Narbe in der Erdkruste, wahrscheinlich vor 20 Mio. Jahren in der Folge gewaltiger vulkanischer Eruptionen entstanden. Noch heute erschüttern leichte Beben das Gebiet gelegentlich. So berichten die Masai von einem dumpfen Grollen, das manchmal aus dem Inneren ihres »heiligen Berges« zu hören ist, des *Ol Doinyo Lengai.* Zum letzten Mal stieg 1966 eine schwarze Rauchsäule aus seinem Krater auf.

Bergsteiger, Vogelkundler und Geologen werden ihr Dorado im Rift Valley finden. Malerische Vulkankegel erheben sich aus der Ebene der Grabensohle, in eine Kette von sieben Seen eingebettet, jeder ein Vogelparadies. An den Schultern des Grabenbruchs ragen der höchste Berg Kenias auf, der Mount Kenya, von Gletscherfeldern bedeckt, und schließlich die Aberdares, eine bizarre Berglandschaft mit Bambuswäldern und Hochmooren. Den eindrucksvollsten Blick auf das Rift Valley bieten die Ngong Hills am Stadtrand Nairobis und eine Fahrt von Kenias Metropole in Richtung Naivasha. Nach etwa 50 km kann man an einem Aussichtspunkt parken. Gut 1000 m fällt hier der Ostrand des Rift Valleys ab, öffnet sich ein überwältigendes Panorama über die ganze Breite des Grabens, über 50 km hinüber zum westlichen Rand. Tief unten liegt das Weideland der Masai, gelb-braun, von der Sonne verbrannt in der Trockenzeit, helles, saftiges Grün, wenn der Regen fällt. Die Vulkankegel des Longonot und des Suswa sind deutlich erkennbar. Ein Ausblick, der die unendlichen Weiten Ostafrikas erahnen lässt.

Majestätisch und schroff ragt der Mount Kenya aus den Wolken

Lebensmittelgeschäft in Isiolo

Grandioser Panoramablick über das Rift Valley

ABERDARES

[110 C3–5] ★ Auf einer Länge von 70 km bildet die Bergkette der Aberdares den Ostrand des Ostafrikanischen Grabenbruchs – eine grandiose Berglandschaft mit bis zu 4000 m hohen Vulkangipfeln. Die Hänge sind mit Regenwald und meterhohem Bambus bedeckt. In wilden Schluchten rauschen Wasserfälle, 300 m stürzen die *Gura Falls* in die Tiefe. Auf den Hochmooren wachsen Riesenlobelien. Die dichten Wälder waren in den 1950er-Jahren Schlupfwinkel der Mau-Mau-Kämpfer. Die wenigen Pisten, die heute durch den Park führen, wurden zum größten Teil von den Soldaten der britischen Kolonialarmee gebaut, in dem Versuch, die Verstecke der Widerstandskämpfer aufzuspüren. Um den Aberdare National Park auf eigene Faust zu erkunden, ist ein Geländewagen erforderlich. Schon ein kurzer Regenfall verwandelt den Boden in den gefürchteten *black cotton soil* – in Schmierseife, auf der man keinen Halt findet. Bei anhaltendem Regen wird die Zufahrt meist gesperrt. Bei schönem Wetter aber ist es ein ideales Gebiet für Bergwanderer und Angler. Vorsicht vor Löwen! Wer den Park zu Fuß erkunden will, muss am Eingang eine Genehmigung einholen. Eine bewaffnete Begleitung ist Voraussetzung *(ca. 8 Euro pro Tag). Parkeintritt ca. 25 Euro*

LODGES

The Ark
Ideal, um das Wild der Aberdares zu beobachten. Die Chancen, an der abends angestrahlten Wasserstelle Elefanten, Büffel oder Nashörner zu sehen, sind gut. *60 Zi., keine Kinder unter 7 J., P. O. B. 449, Nyeri, Tel. 61/556 20, Buchung: Let's Go Travel (siehe S. 99),* €€€

Fishing Camp
Bandas für Selbstversorger, auf 3000 m Höhe, erreichbar vom Parkeingang Nyeri. *Buchung: Let's Go Travel (siehe S. 99), €*

Insider Tipp **Treetops**
Berühmtes »Baumhotel« und beliebte Filmkulisse. Reger Wildbesuch an der nächtlichen Tränke im Scheinwerferlicht. *73 Zi., keine Kinder unter 7 J., Tel. 61/552 62, Fax 20/54 38 10, €€€*

ISIOLO

[111 E2] Auf der Fahrt über die A 2 in den Norden ist das Marktstädtchen Isiolo der letzte Außenposten vor den Wüstenregionen, der Chalbi und der Kaisut Desert. Von hier geht's nur noch im Konvoi weiter nach Marsabit. Achtung: Die Tankstelle am Ort ist die letzte bis Maralal (ca. 200 km entfernt)!

ÜBERNACHTEN

Außer einigen weniger geeigneten *Guesthouses* und Hotels gibt es das *Mocharo Hotel (32 Zi., Tel. 064/23 85, €)*, das *Bomen Hotel (40 Zi., Tel. 064/22 25, €)* und außerhalb von Isiolo die *Wilderness Trails Lodge (6 Gästezi., Tel. Nairobi 20/60 04 57, Fax 60 50 08, bushhome @africaonline.co.ke, €€€)* auf dem Gelände der Lewa Downs Ranch.

ZIELE IN DER UMGEBUNG

Land der Samburu
Isiolo ist der geeignete Ausgangspunkt für eine ★ *Kamelsafari* ins Land der Samburu. Es ist die beste Möglichkeit, Landschaft und Menschen des Nordens zu erleben. Man hat die Wahl zwischen einfachen und etwas komfortableren Ausflügen, Übernachtung im Schlafsack unter freiem Himmel oder im Zelt.

MARCO POLO Highlights »Rift Valley/Norden«

★ **Aberdares**
Berglandschaft mit Regenwald und meterhohem Bambus (Seite 68)

★ **Lake Bogoria**
Natronsee, bevölkert von Tausenden von Flamingos – am Ufer zischen Geysire (Seite 72)

★ **Mount Kenya**
Der Aufstieg zum Lenana-Gipfel ist auch Nicht-Bergsteigern möglich (Seite 74)

★ **Samburu National Reserve**
Weite Savanne und ein ganzjährig Wasser führender Fluss vor der Kulisse des Mount Kenya (Seite 70)

★ **Kamelsafari**
Auf dem Kamelrücken durch das urwüchsige Land der Samburu (Seite 69)

★ **Lake Nakuru**
Akazienwälder säumen das Ufer des von Flamingos bevölkerten Sees (Seite 74)

In jedem Fall sind kundige Samburu-Krieger die Führer. Dauer: bis zu 10 Tage, zurückgelegt werden täglich ca. 15 km, meist wird morgens 3, nachmittags 2 Stunden geritten. Eine gute körperliche Kondition ist Voraussetzung. 5 Tage Unterkunft im Zelt inkl. Verpflegung ca. 240 Euro. *Let's Go Travel (siehe S. 99)*

Samburu National Reserve **[111 E1]**

★ Verlässt man Isiolo in Richtung Norden, kommt man nach ca. 35 km nach *Archer's Post*. Flimmernde Hitze, eine staubige Piste, an der kleine Hütten stehen, mehrere *Dukas*, kleine Läden, fast ausschließlich von geschäftstüchtigen Somalis betrieben: Das Ganze macht den Eindruck eines Wildwestortes. Von hier führt der Weg in zwei Reservate, deren Besuch sich lohnt: in die *Samburu* und in die *Buffalo Springs National Reserves (Eintritt jeweils ca. 13 Euro)*. Wenn es trocken ist, reicht für die Hauptroute ein PKW aus, besser ist aber ein Geländewagen. Die Kulisse im Samburu ist beeindruckend: offene, weite Dornenbuschsavanne, am Horizont dunkle Bergmassive, darunter die Silhouette des Mount Kenya. Ein dichter Galeriewald von Schirmakazien säumt die Ufer des Uaso Nyiru, der auch noch in der Trockenzeit Wasser führt. Ein schmaler Pfad führt zum Wasser. In den späten Nachmittagsstunden kann man hier Elefanten beobachten, die ein Bad nehmen. Wenn man Glück hat, springt ein Leopard über den Weg.

Weite Savanne mit Schirmakazienwäldern gibt es auch in *Buffalo Springs*. Die Quelle, die dem Reservat den Namen gab, gibt es noch: klares, kühles Wasser, das aus sumpfigen Boden sprudelt. Wenige Meter entfernt hält sich zumeist eine grasende Büffelherde auf.

Es gab Sicherheitsprobleme in der Region, doch KWS und Militär haben ihre Präsenz verstärkt, und seitdem soll es nicht mehr zu Zwischenfällen gekommen sein. Zum Übernachten bietet sich die *Samburu Lodge* am Uaso Nyiru an (kom-

Familienleben in der Samburu National Reserve

Elefanten im Samburu kühlen sich mit einer Staubdusche ab

fortable Cottages, Essplatz unter Makutidach mit Flussblick). *Buchung: Serena Hotels, P. O. Box 48690, Nairobi, Tel. 20/284 22 73, Fax 271 81 02, www.serenahotels.com, €€€*

LAKE BARINGO

[110 A1] Wissenschaftlern gibt er noch immer Rätsel auf. Anders als die Mehrzahl der anderen Seen auf der Sohle des Afrikanischen Grabens ist der Baringo ein Süßwassersee, obwohl er keinen (sichtbaren) Abfluss hat. Er ist leicht zugänglich und damit ideal zur Vogelbeobachtung. Ob Löffler und Ibisse, Fischadler, Kronenkraniche, Zwergfischer, Eisvögel und Bienenfresser – Ornithologen zählten über 450 Arten, die an den Ufern des Sees heimisch sind. Darüber hinaus gibt es Flusspferde und Krokodile. Im See liegen zwei bewohnte Inseln: *Ol Kokwe Island* und *Parmalok Island.* Es lohnt, sich einem der Fischer anzuvertrauen und per Boot Inseln und Seeufer zu erkunden. Am besten: Baringo Fishermen Cooperative Society im Ort Kampi ya Samaki. Vorsicht: Flusspferde können an Land sehr aggressiv sein. Man macht besser einen großen Bogen um sie. *Parkeintritt ca. 13 Euro*

LODGES

Island Camp
Luxuszeltcamp an der Spitze der Ol-Kokwe-Insel. 25 Zelte mit Dusche und Toilette. Fähre von Kampi ya Samaki. *Buchung: Let's Go Travel (s. Seite 99), €€€*

Lake Baringo Club
Am See in einem schönen Park gelegen. *48 Zi., Tel. 53/514 01, €€*

Robert's Camp
Drei Bandas mit Bad und Kochgelegenheit. *Buchung: Let's Go Travel (s. Seite 99), €*

Grüße aus der Unterwelt: Geysire am Lake Bogoria

LAKE BOGORIA

[110 A2] ★ Aus schroffem Gestein zischen Dampfsäulen empor, der Boden unter der Schuhsohle ist heiß; eine tiefblaue Wasserfläche, in Ufernähe gesäumt von Tausenden von Flamingos, das ist die surreale Szenerie des Lake Bogoria, in der Talsohle des Rift Valley, 50 km von Nakuru. Auf dem Westufer speien Geysire in Abständen kochendes Wasser in die Luft. In den Akazienwäldern am Ufer grasen Kudus. Der See ist mit dem PKW erreichbar. Nur wer ihn umrunden will, sollte das im Geländewagen tun. Bizarrer ist das Ostufer mit den über 600 m hohen Sirado-Klippen. *Parkeintritt: ca. 17 Euro*

Lake Bogoria Hotel
Außerhalb des Parks, beim nördlichen Eingang Loboi Gate. *90 Betten, Tel. 51/407 48, Fax 20/24 90 66, €€*

Zeltcamp
Fig Tree Camp an einem wildromantischen Platz direkt am See, in der Nähe zischender, heißer Quellen, unter knochigen Feigenbäumen. Gebühren sind am Parkeingang zu zahlen. *Selbstversorgung*

LAKE MAGADI

[114 B3] Anderthalb Stunden Autofahrt von Nairobi entfernt liegt der zweitgrößte Sodasee der Welt. Die Fahrt führt auf die Südhänge der Ngong Hills, dann steil hinunter ins Rift Valley mit reizvollen Ausblicken. Je tiefer man kommt, desto heißer wird es, desto unwirklicher wird die Landschaft. Am Wege sehen Sie vereinzelt Masai-Siedlungen. Schon aus der Ferne erkennen Sie die wie Schnee glänzende Oberfläche des Sees in flimmernder Luft. Es ist bei 40 Grad Celsius eine der heißesten Gegenden Kenias. Der See ohne Abfluss ist eine riesige

Insider Tipp

Verdunstungspfanne. In allen Farben leuchtet die Salzkruste: Soda und Natriumkarbonat. Der Abbau ist ein einträgliches Geschäft. Die Arbeiter sind Masai. Man kann über einen Damm auf die andere Seite oder auf einer Piste am Ufer entlang zum südlichen Teil des Sees fahren. Dort öffnet sich eine von Soda freie Wasserfläche, bevölkert von Pelikanen und Flamingos. Eine Unterkunft gibt es hier nicht.

LAKE NAIVASHA

[110 B5] Eine knappe Stunde Fahrt von Nairobi entfernt, auf bequemer Asphaltstraße leicht erreichbar, liegt der Naivasha-See. Er ist einer der zwei Süßwasserseen im Ostafrikanischen Grabenbruch. Ein ideales Ziel für einen Tagesausflug, mit der Möglichkeit zum Angeln, Segeln oder Wasserskilaufen. Schilf und Papyrus säumen das Ufer. Im Wasser leben Flusspferde und Krokodile. Der See ist ein Vogelparadies mit mehr als 400 Arten. Der fruchtbare vulkanische Boden und das Wasser des Sees haben Gemüse- und Blumenplantagen entstehen lassen.

SEHENSWERTES

Crescent Island und Elsamere
Lohnenswert ist eine Bootsfahrt (vom Naivasha Hotel) zum Crescent Island; eine kleine Insel, geologisch gesehen der Kraterrand eines Vulkans, auf der man ungefährdet auf einem Spaziergang Gazellen und Wasserböcke beobachten kann. In den Bäumen nisten Fischadler. Vorsicht ist bei den Flusspferden angebracht. Sie schätzen es nicht, wenn man ihnen beim Landgang in die Quere gerät. Für Leser und Bewunderer von Joy Adamson: *Elsamere,* das Anwesen, in dem die Adamsons die Löwin Elsa aufzogen, ist Besuchern zugänglich *(wenige Ki-*

Begehrte Beute

Der mühsame Kampf gegen die Wilderer

Der Pilot drückt die einmotorige Husky in eine enge Kurve. Chief Warden Danny Woodley ist auf Patrouillenflug. Als er tiefer geht, bestätigt sich sein Verdacht. Auf einer Lichtung liegt der Kadaver eines Nashorns. Das Horn ist abgesägt. Über Funk gibt Danny seine Position an das Hauptquartier. Eine Gruppe bewaffneter Ranger wird am Boden die Verfolgung aufnehmen. Stunden später wissen sie: Die Wilderer sind nicht mehr zu fassen. Einmal mehr kommen sie zu spät. Das Nashorn wurde abgeschlachtet, weil auf dem internationalen Markt für ein Horn bis zu 50 000 Euro geboten werden. Es ist ein harter Job, den die Ranger vom KWS (Kenya Wildlife Service) leisten, für ein karges Gehalt und nicht selten unter Lebensgefahr. Der KWS, 1990 gegründet, ist zuständig für den Schutz der Wildtiere und die Verwaltung der Nationalparks und -reservate.

Tausende von Flamingos bevölkern den Lake Nakuru

lometer hinter Fisherman's Camp, gegenüber dem Hippo Point, tgl. 15 bis 18 Uhr, Eintritt ca. 4 Euro).

ÜBERNACHTEN

Insider Tipp **Kongoni Game Valley Ranch**
Exklusives Paradies auf einem Hügel am Lake Naivasha. Candlelight-Dinner, Reitausflüge. *Max. 26 Gäste, Nairobi, P. O. B. 15026, Tel. 50/20792, Fax 20/89 00 96,* €€€

Lake Naivasha Country Club
Schöne Anlage, Bungalows unter Schirmakazien, Pool am See. Lohnt sich auch zum Essen. Büfett im Freien. *P. O. B. 47557, Nairobi, Tel. 50/210 04, Fax 211 61,* €€

LAKE NAKURU

[110 A4] ★ Knapp 100 km von Nairobi entfernt, auf dem gut ausgebauten Transafrican Highway leicht erreichbar, liegt ein lohnendes Ausflugsziel: Lake Nakuru ist als Vogelparadies berühmt. Tausende von rosa Flamingos bevölkern die Wasseroberfläche, neben Pelikanen und Kormoranen, Reihern, Marabus und Ibissen. In den Akazienwäldern am Ufer, in denen man ungefährdet spazieren gehen kann, leben Wasserböcke. Nakuru ist das Zentrum der Landwirtschaft Kenias, die Region das Herzstück der früheren White Highlands, wo die meisten Farmen der weißen Siedler lagen. *Parkeintritt ca. 25 Euro*

ÜBERNACHTEN

Sarova Lion Hill Lodge
Angenehme Herberge. Pool, Bar, Restaurant. *P. O. Box 7094, Nakuru, Tel. 51/85 02 35, Fax 21 08 36, reservations@sarova.co.ke,* €€€

MOUNT KENYA

[111 D–E 3–4] ★ Der Mount Kenya bietet bei klarem Wetter ein überwältigendes Bild: drei von ewigem Schnee bedeckte Gipfel. Batian ist mit 5199 m der höchste. In den letzten 20 Jahren hat die Schneekappe allerdings drastisch abgenommen. Stimmen die Voraussagen, wird sie bis 2005 ganz abgeschmolzen sein. Welche Folgen das für das Ökosystem der Region haben wird, ist noch nicht abzusehen. Dem Volk der Kikuyu gilt der Bergriese als heilig; er ist Wohnsitz ihres Gottes Mwene-Nyaga. Während des Mau-Mau-Aufstandes waren die dichten Wälder Unterschlupf der Guerillakämpfer der Kikuyu. Die Besteigung der Hauptgipfel ist eine Sache für erfahrene Bergsteiger. Der Anstieg dauert 4 bis 5 Tage; die Anforderungen entsprechen dem Schwierigkeitsgrad VII. Ohne bergsteigerische Erfahrung in 3 bis 4 Tagen zu bewältigen ist der *Lenana-Gipfel*, mit 4985 m Höhe. Eine gute Kondition sollte man aber haben. Die beste Jahreszeit ist Januar bis Februar und Juli bis September. In den anderen Monaten kann es heftig regnen. Aus Sicherheitsgründen ist der Aufstieg nur in Begleitung eines Bergführers erlaubt. Da Schlafsack und Lebensmittel mitgenommen werden müssen, empfiehlt sich außerdem ein Träger. Am besten, man bucht Guide, Porter und Übernachtung in der *Meteorological Station* und im *Mackinder Camp* im Voraus, entweder bei einer Agentur in Nairobi oder direkt in der *Naro Moru River Lodge* (*Naro Moru P. O. B. 18, Tel. 62/626 22, Fax 622 11, mt.kenya@africaonline.co.ke*); *ein Träger (max. 16 kg) und ein Führer kosten je 8 Euro pro Tag.* Die Lodge verleiht auch Ausrüstung. *Parkeintritt ca. 13 Euro*

Ausgangspunkt ist *Naro Moru* **[111 D3]**, 190 km von Nairobi. Man fährt im Geländewagen bis auf 3000 m hinauf zur *Meteorological Station*. Die Landschaft ist reizvoll: Auf hohen Bambuswald folgt dichter tropischer Regenwald. In den Hütten der Met Station, verbringen Sie die erste Nacht. Dann geht's um 7 Uhr am nächsten Morgen weiter. Ein je nach Kondition 5- bis 7-stündiger Fußmarsch führt ins Teleki Valley mit dem Blick auf die silbernen Gipfel des Mount Kenya. Letzte Übernachtung dann in einem festen Gebäude im *Mackinder's Camp*, auf 4200 m Höhe. Gegen 4 Uhr morgens beginnt die letzte Etappe: durch eine hochalpine Landschaft, vorbei an der *Austrian Hut*, zum Ziel, dem *Point Lenana* in 4985 m Höhe. Der Sonnenaufgang ist ein grandioses Schauspiel, das allein die Mühe lohnt. Für den Abstieg bis zur Met Station sollte man noch einmal 6 Stunden rechnen.

LODGES

El Karama Ranch

40 km nordwestlich von Nanyuki am Uaso-Nyiro. Blockhütten für Selbstversorger. *P.O.B. 172, Nanyuki, Tel. 62/325 26, Fax 322 08,* €

Meru Mount Kenya Lodge

Hütten mit Dusche und Küche, nur mit Geländewagen zu erreichen. Idealer Platz für Bergwanderungen. *Buchung über Naro Moru River Lodge, P. O. B. 18, Tel. 62/626 22, Fax 622 11, mt.kenya@africaonline.co.ke,* €

Mount Kenya Safari Club

Insider Tipp

Eine der exklusivsten und teuersten Lodges Kenias, in einem herrlichen Park mit Blick auf Mount Kenya. Golf, Tennis, Pool, Flugsafari im Doppeldecker. *115 Zi., Nanyuki, P. O. B. 35, Tel. 62/300 00, Fax 224 94, sales@lonrhohotels.co.ke,* €€€

Der Victoria-See

Der größte Süßwassersee Afrikas, Hauptquelle, aus der sich der Nil speist. An seinem Ufer leben die Luo, die »Fischesser«

Der Westen Kenias gehört zu den von Touristen selten besuchten Regionen des Landes. Zu Unrecht. Es ist eine kontrastreiche, reizvolle Landschaft: fruchtbares Farmland, satt-grüne Teeplantagen bei Kericho, tropischer Regenwald in der Kakamega Forest Reserve, ein nahezu unberührter Nationalpark, der Mount Elgon an der Grenze zu Uganda – und der Victoria-See, der größte Süßwassersee Afrikas, der zweitgrößte der Welt. Er erstreckt sich über Kenias Grenze hinweg nach Tansania und Uganda und umfasst eine Gesamtfläche von der Größe Bayerns. Den Namen gab ihm der erste Europäer, der auf der Suche nach den geheimnisvollen Quellen des Nils an seine Ufer kam: der Engländer John Hanning Speke. Er widmete die »Entdeckung« seiner Königin Victoria.

Die Seeregion ist die Heimat des viertgrößten Stammes Kenias, der Luo, was so viel heißt wie »Fischesser«. Fischfang ist neben der Rinderzucht für viele in den kleinen Orten am See noch immer die Lebensgrundlage. Die Fischerdörfer sind nur über kleine Pisten zu erreichen und ihre Bewohner zumeist abgeschnitten von den Errungenschaften der Zivilisation – tief verwurzelt in

Fischer am Victoria-See

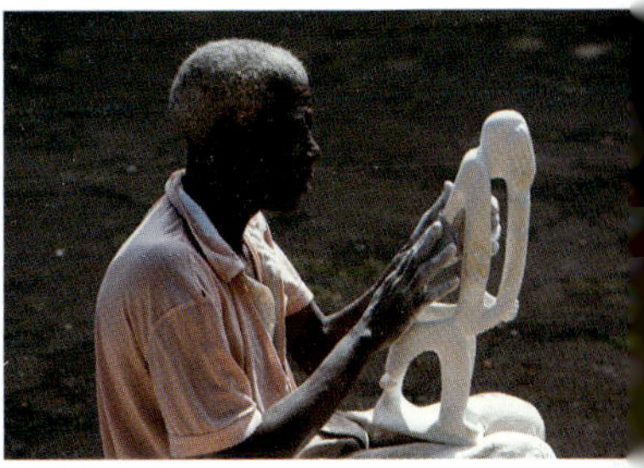

Ein Künstler bearbeitet Speckstein

Glaube und Kultur der Vorväter. Hier ist man z. B. davon überzeugt, dass eine Python die heilige Beschützerin eines Ortes ist, und opfert ihr kostbare Hühner. Hier muss jeder Mann, auch wenn er im fernen Nairobi stirbt, zurücktransportiert und dort begraben werden, wo er geboren wurde – wenn nicht, wird sein Geist die Familie verfolgen.

Eine Warnung: Baden Sie nicht im See, das Wasser ist an vielen Stellenmit Bilharziose-Parasiten verseucht. Auch die Malariaprophylaxe sollte beachtet werden.

HOMA BAY

[108 B6] Der Name bedeutet in der Luo-Sprache »auffallend«. Wahrscheinlich ist damit der imposante Vulkankegel des Berges Homa gemeint, der neben dem See das Landschaftsbild bestimmt. Interes-

Teeernte auf einer Plantage bei Kericho

sant als Ausgangspunkt für eine Schifffahrt entlang der Küste, an den Inseln Rusinga und Mfangano vorbei nach Kisumu. Unter der Verwaltung der Kenya Railways verkehren relativ regelmäßig täglich kleine Dampfer zwischen beiden Städten. Der Fahrplan ist am Kai angeschlagen. Die Fahrt mit dem Schiff ist eine der wenigen Möglichkeiten, das landschaftlich sehr reizvolle Panorama am Victoria-See zu genießen, da ein Zugang zum Seeufer und zu den kleinen Fischerdörfern zumeist schwierig und nur mit dem Geländewagen möglich ist.

ÜBERNACHTEN

Hill View Lodge
Von dem nicht sehr großen Angebot an Übernachtungsmöglichkeiten ist dies eine der angenehmsten. Etwa 3 km außerhalb der Stadt. *Tel. 59/220 32, €*

ZIELE IN DER UMGEBUNG

Kisii **[112 C1]**
60 km von Homa Bay malerisch am Berghang gelegen. Wenige Kilometer weiter, in *Tabaka*, liegen die Steinbrüche, in denen Speckstein *(soapstone)* abgebaut wird, aus dem Kenias Steinschnitzer ihre Skulpturen fertigen. In Tabaka findet man die schönsten und preiswertesten.

Manga Ridge **[112 C1]**
Der Ausflug zu diesem 70 km entfernten Aussichtspunkt mit Panoramablick auf den Victoria See, auf Kisumu und Kericho ist anstrengend, aber lohnend. *Dauer ca. 5 Std.*

KERICHO

[109 E6] Das Herz des Teeanbaugebietes. Das satte Grün der Plantagen bestimmt das Bild der Gegend. Klima und Boden sind hier ideal für die Teepflanzen, die 1903 von einem britischen Farmer in Kenia eingeführt wurden. Heute werden mit Tee 30 Prozent der Exporteinnahmen Kenias erwirtschaftet.

ÜBERNACHTEN

Tea Hotel
Altes Hotel im englischen Landhausstil inmitten einer prächtigen Gartenanlage. Für Interessierte vermittelt die Rezeption den Besuch des *Tea Research Institute. 47 Zi., Kericho, P. O. B. 75, Tel. 52/ 300 04, Fax 205 76, €*

KISUMU

[108 C5] Kisumu ist mit 320 000 Ew. die drittgrößte Stadt des Landes. Direkt am Kavirondo-Golf des Victoria-Sees gelegen, entstand sie in der britischen Kolonialzeit, im Jahre 1901, als die letzten Schienen der Eisenbahnlinie hier verlegt wurden, die Kenia mit Uganda verbinden sollte. »Port Florence« hieß es damals. Mit der Bahn und der günstigen Lage am See wurde die Stadt bald zur Drehscheibe des Warenverkehrs der Region, eine blühende Handelsmetropole. Die »Gastarbeiter« aus Indien, die von der Kolonialmacht für den Eisenbahnbau nach Kenia geholt worden waren, sind geblieben. Vom Aus der Ostafrikanischen Gemeinschaft, einer gemeinsamen Handelszone, im Jahre 1977 war Kisumu besonders betroffen. Erst langsam kehrt jetzt die alte Geschäftigkeit zurück.

Die Hauptstraße Kisumus ist die Oginga Odinga Road, dort findet man Geschäfte, Wechselstuben und ein Postamt. Äußerst bunt und lebhaft geht es auf dem Markt am Jomo Kenyatta Highway zu. Leider gilt aber auch für Kisumu: Gehen Sie abends nicht mehr zu Fuß durch die Stadt.

MUSEUM

Kisumu Museum Insider Tipp
Ausgezeichnete Sammlung und Ausstellung über Kultur und Alltag kenianischer Volksgruppen, insbesondere der Luo, sowie zur Tierwelt der Seeregion. *Tgl. 8.30–18 Uhr, Nairobi Road, Eintritt 3 Euro*

ÜBERNACHTEN

Sunset Hotel
Mit direktem Blick auf den See gelegen. *50 Zi., Kisumu, Aput Lane, P. O. B. 215, Tel. 57/411 00, Fax 227 45, €€*

MARCO POLO Highlights »Der Westen«

★ **Kakamega**
Hier ist der letzte Rest des westafrikanischen Tropenwaldes zu sehen (Seite 80)

★ **Rusinga Island**
Vogelparadies und Fundstelle des prähistorischen Proconsul Africanus (Seite 80)

AM ABEND

Octopussy

Beliebter Treffpunkt ist diese Diskothek, in der es besonders am Wochenende bis in die Morgenstunden recht lebhaft zugeht. *Oga da Street, Eintritt ca. 1,50 Euro*

ZIELE IN DER UMGEBUNG

Hippo Point **[108 C5]**

Der beste Platz, um das grandiose Schauspiel des Sonnenuntergangs über dem See zu bewundern. Die Terrasse des kleinen Restaurants liegt direkt am Seeufer, südlich der Stadt, beim Sunset Hotel. Hippo Point heißt es, weil sich hier gelegentlich in den Abendstunden auch die Flusspferde einfinden. Die größte Chance, Flusspferde zu Gesicht zu bekommen, haben Sie auf einer Bootsfahrt von dem 3 km südlich von Kisumu gelegenen Fischerdorf Dunga aus.

Kakamega **[108 C4]**

★ 48 km nördlich von Kisumu befindet sich die *Kagamega Forest Reserve*, ein Schutzgebiet für den letzten Rest eines tropischen Regenwaldes, der sich ursprünglich vom Kongobecken bis nach Kenia erstreckte. Neben den Baumriesen selbst bietet das Gebiet vielen selten gewordenen Tiere Schutz. Die beste Zeit für einen Besuch ist April bis Juli, wenn alles in Blüte steht. *Eintritt frei*

Rusinga Island **[108 A6]**

★ Die kleine, dem Ort Mbita vorgelagerte Insel im Victoria-See ist über einen Damm mit dem Festland verbunden *(Entfernung von Kisumu 95 km)*. Den größten Eindruck hinterlassen in diesem Vogelparadies die riesigen Fischadler. Die Insel ist ideal zum Fischen. Außerdem befindet sich auf Rusinga eine prähistorische Ausgrabungsstätte. Mary Leakey entdeckte hier den Schädel des Proconsul Africanus, ei-

Kenia literarisch

Lesenswerte Bücher zur Einstimmung

Über die Grenzen Kenias hinaus gelesen ist Ngugi wa Thiong'o, Autor von Theaterstücken, Erzählungen und Romanen, die sich eindrucksvoll und kritisch mit dem Kampf um die Unabhängigkeit und der gesellschaftspolitischen Entwicklung danach auseinandersetzen. Seit 1982 lebt Ngugi im Exil. Seine bekanntesten, auf Deutsch erhältlichen Bücher: »Abschied von der Nacht«, »Freiheit mit gesenktem Kopf«, »Der Fluss dazwischen«, »Der gekreuzigte Teufel«. Einen Einblick in den Alltag der kenianischen Metropole, in das Milieu der Armen und Gestrandeten, vermittelt »Nairobi, River Road« (auch Titel der deutschen Ausgabe) von Meja Mwangi. Ebenfalls von Mwangi: »Narben des Himmels«, ein pralles Porträt des ländlichen Kenia und seiner Bewohner. Wer sich für den Kampf um den Erhalt der kenianischen Tierwelt interessiert, sollte Richard Leakeys »Wildlife Wars« lesen.

nes Vorfahren des Menschen, der wahrscheinlich vor 3 Mio. Jahren auf Rusinga lebte. In einem Mausoleum auf der Insel begraben liegt Tom Mboya, ein kenianischer Politiker der ersten Stunde, der im Jahr 1969 in Nairobi ermordet wurde.

Unterkunft (vor allem für Sportfischer zu empfehlen): *Rusinga Island Fishing Club, Tel. Nairobi 20/ 60 53 61, info@privatewilderness.com,* €€€

KITALE

[109 D1] Das kleine Städtchen, ursprünglich von weißen Siedlern errichtet, liegt am Fuße des *Mount Elgon*, eines mächtigen erloschenen Vulkans. Es ist das »Tor zum Norden« Kenias, Ausgangspunkt für die Fahrt in das Gebiet der Turkana am Westufer des Turkana-Sees.

Insider Tipp

Lohnend ist ein Abstecher von Kitale in den *Mount Elgon National Park*, einen der landschaftlich reizvollsten und am wenigsten besuchten Parks Kenias *(Auskunft: Kenya Wild Life Service, Nairobi, Tel. 20/50 10 81, www.kws.org)*. Da es in der Region zu Auseinandersetzungen zwischen Angehörigen unterschiedlicher Stämme gekommen ist, sollte man sich über die aktuelle Situation informieren. Am einfachsten ist von Kitale aus nach 40 km auf der Straße in Richtung Endebess der Parkeingang *Chorlim Gate* erreichbar. Es empfiehlt sich, dort einen Ranger mitzunehmen, da der Park weitgehend unerschlossen ist. Eine Fußwanderung über Elefantenpfade durch Bambuswald und tropisches Dickicht zur *Kitum Cave* ist abenteuerlich. Diese Höhle wurde zum Teil

Wasserfall am Mount Elgon

von Elefanten auf der Suche nach Salz in den Fels getrieben. Noch heute, oft nachts, ist die Salzlecke in der Höhle Treffpunkt der Dickhäuter. *Parkeintritt ca. 13 Euro*

Die Region ist etwas in Verruf geraten, weil hier angeblich das Ebola-Virus gefunden wurde. Einen Besuch des Mount-Elgon-Nationalparks sollte man außerhalb der Regenzeit unternehmen – also nicht in den Monaten April/Mai oder August/September.

ÜBERNACHTEN

Delta Crescent Farm
Preiswerte Unterkunft in einfachen Bandas auf einer Farm, etwa 5 km vom Parkeingang Chorlim Gate entfernt. *Tel. 54/314 62,* €

Weißer Berg und rosa Flamingos

Die Touren sind in der Karte auf dem hinteren Umschlag und im Reiseatlas ab Seite 108 grün markiert

1 RUND UM DEN »WEISSEN BERG«

[111] Die Route führt um die Westflanke des Mount Kenya – über Archer's Post in das Stammesgebiet der Samburu. Benötigte Zeit: zumindest 3 Tage. Der größte Teil der 700 km langen Strecke führt über befestigte Straßen und kann mit einem normalen PKW befahren werden. Wer über Isiolo hinaus bis in den Samburu-Nationalpark will, braucht dafür einen Geländewagen – und sollte die Fahrt nur in der Trockenzeit unternehmen. Wann immer die Strecke durch Regionen jenseits größerer Ortschaften führt, sollten Sie jede Gelegenheit nutzen zu tanken.

Sie verlassen *Nairobi (S. 27)* in nordöstlicher Richtung auf der vierspurigen Schnellstraße A 2. Der nächste größere Ort, nach 44 km, ist *Thika*. Hier lohnt sich ein Abstecher zum *Blue Post Hotel*, die Abfahrt von der A 2 ist ausgeschildert. Es wurde erbaut, als die ersten weißen Siedler in der Region Fuß fassten. Sehenswert sind der tropische Garten und der Blick auf die Wasserfälle des Chania- und Thika-Flusses.

Eine Giraffe sucht in der Samburu National Reserve nach Futter

Die gut ausgebaute Straße führt zwischen den Bergen der Aberdares im Westen und des Mount Kenya im Osten über *Sagana* weiter nach Norden. Sanft geschwungene Hügelketten bestimmen das Landschaftsbild, dunkelgrüne Kaffeeplantagen wechseln sich mit Sisalpflanzungen ab, dazwischen liegen verstreut auf kupferrotem Lateritboden Rundhütten aus Lehm. Es ist das dicht besiedelte Kernland des größten Volkes Kenias, der Kikuyu. In den meisten Ortschaften gibt es bunte Märkte.

Wer das Ziel nicht an einem Tag erreichen will, kann 5 km hinter *Karatina* die ausgeschilderte Abzweigung D 451 nehmen. Nach ca. 20 km gelangen Sie zur *Mountain Lodge (keine Kinder unter 8; bereits in Nairobi buchen):* eine Luxuslodge auf Pfählen in über 2000 m Höhe im Wald am Hang des Mount Kenya. Ein Elefantenwechsel führt direkt an der Lodge vorbei.

Weiter auf der Strecke, im Nordwesten, um *Nyeri,* liegt das ehemalige bevorzugte Siedlungsgebiet britischer Farmer, die fruchtbaren »White Highlands«, Weizenfelder bis zum Horizont, riesige Kaffeeplantagen und Rinderfarmen. Mit etwas Glück – die beste Zeit ist der frühe Morgen – reißt der Wolkenkranz über dem Bergmassiv des *Mount Kenya (S. 74)* auf.

Naro Moru (S. 75), 190 km von Nairobi entfernt, der nächste Ort auf der Strecke, ist der Ausgangspunkt für die Besteigung des Mount Kenya. Für einen Zwischenstopp geeignet ist die *Naro Moru River Lodge (Tel. 62/626 22, €)* mit Möglichkeiten zum Wandern und Forellenangeln. Kurz vor *Nanyuki*, 215 km von Nairobi entfernt, überquert die A2 den Äquator.

Insider Tipp

Zur Übernachtung bietet sich der *Mount Kenya Safari Club (S. 75)* an, der exklusivste Club Kenyas (Krawatte!) oder, entschieden preiswerter, das rustikale *Sportsman's Arms Hotel (42 Zi., Tel. 62/323 48, Fax 228 95, €€)* in Nanyuki.

Wer frische Forellen vom Grill mag, sollte eine Rast bei *Kentrout* einlegen. Etwa 20 km hinter Nanyuki, in *Timau*, führt rechts eine unbefestigte Piste zu der Forellenzucht (ausgeschildert).

Um die Nordflanke des Mount Kenya herum klettert die Straße auf eine Höhe von 2000 m, um später wieder abzufallen, hinunter ins Tafelland. Ein beeindruckendes Panorama eröffnet sich: endlos scheinende Ebenen, am fernen Horizont im Dunst verschwimmende Berge. Die Vegetation wird karger, die Luft heißer. Dann schließlich taucht *Isiolo (S. 69)* auf, der »letzte Vorposten der Zivilisation«, ein kleiner Ort an der Nahtstelle zwischen Nord- und Südkenia, Treff- und Handelspunkt der unterschiedlichsten Volksgruppen des Landes. Unübersehbar sind die Nomaden mit ihren Kamelen – die Boran, Samburu, Turkana und Somali –, die hierher zum Markt kommen.

Eine sichere Sache: Touristen auf Safari im Samburu

In Isiolo endet die Asphaltstraße. Von hier geht es nur noch im geländegängigen Fahrzeug weiter. An der Ortsausfahrt ein Polizeiposten. Den Schlagbaum kann nur passieren, wer Namen, Fahrzeugkennzeichen und das Reiseziel einträgt. Vorsichtshalber sollten Sie sich bei den Rangern nach dem gegenwärtigen Zustand der weiteren Strecke und nach der Sicherheitslage erkundigen.

Es folgt eine knochenharte Wellblechpiste bis zum *Archer's Post (S. 70),* dem Eingang sowohl zur Samburu- als auch zur Buffalo-Springs- und Shaba National Reserve. Die schönste Route führt in die *Samburu National Reserve (S. 70),* an den Uaso River in den *Samburu Intrepids Club (25 Zelte, Tel. 64/308 11, Fax Nairobi 20/21 33 87, €€€).* Unbedingt vorher in Nairobi buchen! Die Unterkunft besteht aus komfortablen Luxuszelten direkt am Fluss. Der ideale Ausgangspunkt für aufregende Erkundungsfahrten in die faszinierende Landschaft des Samburu-Parks: trockene Buschsavanne, Schirmakazienwälder, in der Ferne ein Tafelberg, der *Ololokwe,* und dazwischen das silbern glänzende Band des Flusses Uaso-Nyiro, die Ufer von Dum-Palmen gesäumt.

Insider Tipp

Auf der Rückfahrt lohnt es sich, eine andere Strecke zu nehmen, die um die äußerst fruchtbare und dicht besiedelte östliche Flanke des Mount Kenya führt. Man fährt zunächst denselben Weg zurück, verlässt dann aber – 21 km hinter Isiolo – an der nächsten Straßenkreuzung die A2, und folgt der Ausschilderung nach *Meru.* Über *Embu* führt die Route wieder nach Thika und Nairobi.

2 ÜBER DEN ÄQUATOR ZU DEN FLAMINGO-SEEN

[110] Die zweite Route führt von Nairobi durch das fruchtbare Land der Kikuyu hinunter in den Ostafrikanischen Grabenbruch, zu den Seen auf der Grabensohle, zu Flamingokolonien und Geysiren. Gesamtlänge: 560 km. Reisedauer: zumindest 2 Tage. Die Fahrt geht überwiegend über asphaltierte Straßen und ist in der Trockenzeit mit einem PKW zu bewältigen.

Über die Limuru Road – auch als C 62 ausgeschildert – verlassen Sie *Nairobi (S. 27)* in Richtung Norden. Bei *Limuru* geht es weiter auf der Schnellstraße A 104 durch Kikuyu-Stammesgebiet Richtung *Naivasha,* vorbei an Kaffee- und Teeplantagen, Maisfeldern, sattgrünen Rinderweiden. Allmählich führt die Straße dann in merklich kühlere Höhen, die Vegetation wird karger. Am östlichen Rand des *Rift Valleys (S. 67)* geht es weiter nach Naivasha. Der Blick öffnet sich auf eine grandiose Landschaft, über 1000 m tief hinunter in den Ostafrikanischen Grabenbruch, hinüber in die Weite des – je nach Jahreszeit – grünen oder verdorrten, rotbraunen Masai-Landes. Malerischer ist die Old Naivasha Road, die von der A 104 abzweigt (ausgeschildert: B 3 Richtung *Narok*) und unmittelbar am Rand des Grabenbruchs nach Naivasha führt.

Insider Tipp

Dann windet sich die Straße hinunter auf die Sohle des Grabenbruchs. Silbern glänzt der erste See: *Lake Naivasha (S. 73),* einer der wenigen Süßwasserseen des Rift Valley. Für eine Rast bietet sich in Nai-

Mit dem Geländewagen unterwegs

vasha das Restaurant *La Belle (€)* an der Hauptstraße an, für ein ausgiebiges Büfett und eine Erfrischung im Pool der *Lake Naivasha Club (Tel. 50/210 04, Fax 211 61, €€)*, wenige Kilometer außerhalb Naivashas am See.

Zwischen dem Mau-Escarpment im Westen und der Bergkette der Aberdares im Osten führt die Straße weiter, am kleinen *Elmentaita-See* vorbei, einem Sodasee und Brutstätte für Flamingos, nach *Nakuru* (160 km von Nairobi). Hier lohnt es sich, in den *Lake Nakuru National Park (S. 74)* zu fahren. Der Nakuru-See liegt eingebettet in einen Wald von Kandelabereuphorbien, umgeben von Sümpfen und Galeriewäldern uralter Schirmakazien. Zu Fuß kann man am Seeufer auf Pirsch gehen, nicht selten steht man unvermittelt prächtigen Wasserböcken gegenüber. Auf dem Wasser ziehen Pelikane auf Fischfang vorbei. Vorsicht: Fahren Sie nicht zu nahe an das Seeufer heran, der Sumpfboden ist trügerisch.

Auf der Weiterfahrt von Nakuru auf der B4 in Richtung *Marigat* passiert man kurz hinter *Mogotio* den Äquator. Und dann nähert man sich dem *Bogoria-See (S. 72)*, der östlich der Strecke liegt. Die landschaftlich reizvollste Zufahrt führt über eine unbefestigte Straße (D 365), die bei Mogotio rechts von der B4 abzweigt und sowohl zum *Emsos Gate* als auch zum *Maji Moto Gate* führt, den beiden Einfahrten zum Nationalreservat Bogoria-See. Eine Strecke, die nur mit einem Geländewagen zu empfehlen ist.

Bequemer und mit einem normalen PKW erreichbar ist das Westufer: 92 km hinter Nakuru biegt man von der Fernstraße B4 rechts auf eine asphaltierte Straße ab, die – am *Lake Bogoria Hotel (S. 72)* vorbei – nach ca. 20 km zum Eingang *Loboi Gate* führt. Beliebtestes Ziel sind die *Maji Moti* – Kiswahili für »heißes Wasser« –, die Geysire am Westufer des Sees, etwa 10 km vom Loboi Gate entfernt. In regelmäßigen Abständen springen Fontänen heißen Wassers aus dem Boden, die höchste bis zu 5 m.

Der See, ein Sodasee, ist idealer Nährboden für Algen, und diese wiederum Nahrung für Flamingos. Doch auch Büffel, Kudus, Impalas und Zebras finden sich in der Nähe des Sees und wenn man Glück hat, bekommt man einen Leoparden zu sehen. Es ist eine faszinierende Landschaft, die an die Entstehungsgeschichte der Erde erinnert. Wer zu Fuß auf Erkundung geht, sollte vorsichtig sein. Es hat mehrere Unfälle gegeben, bei denen Besucher vom Uferrand abrutschten und in dem über 100 Grad heißen Wasser ums Leben kamen.

Eine ganz andere Szenerie bietet sich auf der letzten Station der Route: Der *Baringo-See (S. 71)* ist kein Soda-, sondern ein Süßwassersee mit entsprechend üppiger Flora und Fauna, ein Fisch- und Vogelparadies, die Heimat von Flusspferden und Krokodilen. Man folgt hinter *Marigat* (hier findet jeden Mittwoch ein Markt statt) weiter der Schnellstraße B4 in Richtung Norden. Nach ca. 20 km führt rechts eine kleine Straße ab, auf der Sie nach weiteren 3 km zu dem Ort *Kampi ya Samaki* am Baringo-See kommen. Lohnend ist eine Bootstour zu den Inseln und bis in den Süden des Sees zur Mündung des Molo-Flusses.

Unterkunft: Wem *Island Camp (S. 71)* und *Lake Baringo Club (S. 71)* zu teuer sind, der kann im Zelt im *Saruni Camp* am nördlichen Zipfel der *Ol-Kokwe-Insel* übernachten, oder in einer *Banda*, einer Hütte für Selbstversorger in *Robert's Camp (S. 71)*, am Seeufer in der Nähe des Lake Baringo Clubs bei Kampi ya Samaki gelegen.

3 ABENTEUER IN MENSCHENLEERER WÜSTENREGION

[O] Die Route führt von Nairobi durch das Rift Valley in den äußersten Norden Kenias, zum Turkana-See. Die organisierte Fahrt mit dem »Turkana Bus« ist eine Campingsafari im geländegängigen Wagen unter der Obhut kenianischer Führer. Dauer: 8 Tage, Start in Nairobi, Übernachtung in Zelten, verpflegt werden die Teilnehmer von einem kenianischen Koch.

Zunächst geht es hinunter ins Rift Valley. Der erste Stop wird am Lake Nakuru *(S. 74)* mit einem Besuch der Flamingokolonien eingelegt. Dann geht es weiter nach Maralal; die Nacht wird im Zeltcamp am Fuße des Oldonyo-Nyiru-Berges verbracht.

Spektakuläre Ausblicke auf das Rift Valley Escarpment bieten sich am nächsten Tag auf der Weiterfahrt in den Northern Frontier District, in die absolute Einsamkeit. Allmählich geht das Land in Halbwüste und schließlich in Wüste über, spärlich besiedelt von Nomaden und ihren Kamelherden. Flimmernde Hitze, schwarzes Lavagestein – eine Landschaft, in der jedes Leben erstorben scheint. Plötzlich schimmert jadegrün eine endlos scheinende Wasserfläche: Das Ziel ist erreicht, der Turkana-See. Insider Tipp Über 230 km erstreckt er sich vom Mount Kulal bis zur Grenze nach Äthiopien. Auf einer Insel im See befindet sich das landesweit größte Brutgebiet von Krokodilen. Am Ostufer bei Koobi Fora liegt eine inzwischen weltberühmte Ausgrabungsstätte: der Fundort eines 2,2 Mio. Jahre alten Hominidenschädels.

Buchung und Information: Let's Go Travel, siehe S. 99

Kameltränke am Turkana-See

Abenteuer zu Lande und zu Wasser

Beim Tauchen, Trekking, Bergsteigen und Fliegen kommen vor allem Sportler mit Hang zum Außergewöhnlichen auf ihre Kosten

In der Welt des Sports sind Kenianer keine Unbekannten. Im Marathon, Mittel- und Langstreckenlauf gehören sie zur Weltelite. Der große Vorteil: Das Trainingslager liegt 2500 m hoch bei Kiganjo am Fuße des Mount Kenya. Kenia ist eine begeisterte Sportnation. Ob Fußball, Leichtathletik, Kricket, Polo, Golf, Tennis, Wasser- oder Motorsport – es gibt für die meisten Sportarten Dutzende von Clubs, Vereinen und Organisatoren. Entsprechend vielfältig sind auch die Möglichkeiten für Besucher, vor allem im Wassersport: Ob Surfen, Segeln, Wasserski, Schnorcheln oder Tauchen – Kenias Küste ist ein Dorado, vom Klima begünstigt und von Korallenriffen geschützt.

BERGSTEIGEN

Eine Herausforderung für Bergsteiger ist der Mount Kenya, der zweithöchste Berg Afrikas. Wer noch höher hinaus will, kann einen Ausflug über die Grenze nach Tansania machen, zum Kilimandscharo. Die Besteigung der beiden Hauptgipfel des Mount Kenya – Batian und Nelion – setzt bergsteigerische Erfahrung und eine gute Ausrüstung voraus. Leichter ist der Lenana-Gipfel des Mount Kenya zu bezwingen; eine gute physische Kondition ist aber auch hier Voraussetzung. Bei der Planung müssen Sie die Regenzeit berücksichtigen: Mitte März bis Ende Juni und Mitte Oktober bis Ende Dezember sind Bergtouren nicht möglich. Info: *Mountain Club of Kenya, Nairobi, Wilson Airport, P.O.B. 45741, Tel. 20/50 17 47, www.geocities.com/~mckenya.* Geführte Wanderungen am Mount Kenya bieten *Mount Kenya Hostel&Campsite (Naro Moro, Tel. 62/626 22, Tagesausflug ca. 70 Euro)* und *Let's Go Travel (siehe S. 99); z.B. 4 Tage für ca. 350 Euro.*

Eine Bergtour am Mount Kenya ist nichts für Anfänger

FISCHEN

Kenias Küste ist das ideale Revier für Sportfischer, die auf größere Beute aus sind: Dorade, Kingfish, Segelfisch, Schwertfisch, Tiger- und Hammerhai, Thunfisch. Seltener geworden, doch mit Glück und einem guten Skipper immer noch zu finden sind Blauer, Schwarzer und Gestreifter Marlin. Die besten Plät-

Insider Tipp

ze: Lamu, Malindi, Watamu, Mombasa und der Küstenabschnitt vom Pemba Channel *(Pemba Channel Fishing Club, P.O.B. 84851, Mombasa, Tel. 0722/20 50 20, Fax 41/ 49 12 65, pembachannel@africaonline.co.ke)*. Die meisten Hotels arrangieren Bootstouren mit Ausrüstung und Mannschaft. Ein halber Tag kostet 350–450 Euro. Unter Sportfischern am beliebtesten sind das *Hemingways (Tel. 42/326 24, Fax 322 56, hemingways@slh.com)* und – preiswerter – gleich nebenan das *Ocean Sports (Tel. 42/320 08, Fax 322 66)* in Watamu. Beide Hotels veranstalten an den Wochenenden in der Saison Wettbewerbe. Allerdings sollte man für diese Zeit (Feb.–März) am besten schon ein Jahr im Voraus buchen. Die eigentliche Fangsaison geht von August bis Ende März. In den restlichen Monaten ist das Wasser wegen des Südostmonsuns zumeist zu unruhig.

Aber auch die Süßwasserseen und Flüsse versprechen gute Ausbeute: vor allem Forellen, Tilapia und Barsche. Die besten Plätze: Viktoria-, Naivasha-, Baringo- und Turkana-See, die Gewässer am Mount Kenya, am Mount Elgon und in den Aberdares-Bergen. Den erforderlichen Angelschein erhält man vom Kenya Wild Life Service am Eingang des jeweiligen Parks oder in Nairobi *(Kenya Fisheries Department in der Nähe des Nationalmuseums, P.O.B. 40241)*.

FLIEGEN

Ein Erlebnis besonderer Art ist es, mit dem Segelflugzeug oder Drachen über die beeindruckende Landschaft zwischen Mount Kenya und den Aberdares zu fliegen. Gestartet wird auf der Flugpiste beim Aberdare Country Club, ca. 15 km von Nyeri. Anmeldung: *Allmendinger, Tel. 61/27 48 oder Gliding Club of Kenya, P.O.B. 926, Nyeri, Tel. 0733/76 03 31, Fax 61/ 550 40, gliding@africaonline.co.ke*

GOLF

Heute gibt es in Kenia ein Dutzend Golfplätze internationalen Standards – zumeist in reizvoller Landschaft, das ganze Jahre über bespielbar, ausgenommen die Tage und Wochen, an denen Regenzeit wirklich Regenzeit ist. Die Mehrzahl der Plätze ist in Nairobi und Umgebung zu finden, weitere in den Aberdares, am Mount Kenya und an der Küste: Muthaiga Golf Club (18 Loch), Karen Golf Club (18 Loch), Royal Nairobi Golf Club (18 Loch), Aberdare Country Club (9 Loch), Mount Kenya Safari Club (9 Loch), Nyali Golf and Country Club (18 Loch), Leisure Golf Club (Diani Beach, 18 Loch). Eine Tagesmitgliedschaft kostet je nach Platz zwischen 25 und 30 Euro.

SURFEN & SEGELN

An den meisten Strandhotels rund um Mombasa können Surfbretter gemietet werden (ca. 7 Euro/Std.) und gibt es Surfunterricht, so z. B. bei: *Africana Sea Lodge, Baobab Beach Resorts, Jadini Beach Hotel* und *Safari Beach Hotel*. Segelboote werden an der *Fourty Thieves Bar* vermietet *(Tel. 40/320 20 33)* und kosten pro Stunde ca. 10 Euro. Im traditionsreichen *Mombasa Yacht Club (Ganjoni Rd., Tel. 41/31 33 50)* kostet eine Gastmitgliedschaft für eine Woche 10 Euro *(geöffnet So und Mi)*.

Fertig machen zum Abtauchen im Indischen Ozean

TAUCHEN & SCHNORCHELN

Die beste Zeit zum Tauchen und Schnorcheln ist Oktober bis März. Von Juni bis August ist das Wasser zumeist vom Monsun zu aufgewühlt, die Sicht beeinträchtigt. Taucher sollten einen international anerkannten Tauchschein besitzen. Da die Strömungsverhältnisse nach Region und Küstenabschnitt erheblich wechseln können, taucht man am besten mit erfahrenen ortskundigen Tauchern.

Die besten Tauchplätze sind der *Malindi National Marine Park* (Driftwood Beach Club, Silversands Bay), der *Watamu National Marine Park* (Bootsfahrten arrangieren die meisten Hotels. Kosten ca. 12 Euro) und der ★ *Kisite-Mpunguti National Marine Park*, der wohl attraktivste Unterwasserpark Kenias. Interessant sind die Korallenriffe südlich von Wasini – erreichbar mit einem Boot oder einer Dhau. Beides kann in Shimoni gemietet werden; zumeist verleihen die Bootsbesitzer auch Maske und Schnorchel. Preis für ein Boot ca. 70 Euro mit Verhandlungsspielraum; Eintritt für den Marine Park 4 Euro. Tauchfahrten organisieren das *Shimoni Reef Hotel (Tel. 40/520 15, Fax 47 13 49)* und der *Pemba Channel Fishing Club (Tel. 40/520 16, Fax 31 68 75)*.

WANDERN & TREKKING

Mount Kenya und, wenn auch mit Einschränkungen, das Aberdares-Gebirge sind ideale Wander- und Trekkinggebiete. Wenig besucht, aber nicht weniger reizvoll ist der Mount Elgon. Broschüren und Information: *Mountain Club of Kenya (Adresse siehe »Bergsteigen«)*

Insider Tipp

Safaris zu Fuß organisieren: *Tropical Ice, P.O.B. 24489, Nairobi, Tel. 20/88 46 52, Fax 88 39 66, tropice @africaonline.co.ke; Wilderness Trails, P.O.B. 56923, Nairobi, Tel. 20/60 04 57, Fax 60 50 08; Naturetrek Adventure Safaris, P.O.B. 34817, Nairobi, Tel. 20/34 11 88, Fax 24 35 72, www.naturetreksafaris.com; Gametrackers, P.O.B. 62042, Nairobi, Tel. 20/33 89 27, Fax 33 09 03, www.gametrackers.com*

Elefanten, Löwen & Co

Kenias größte Attraktion (nicht nur) für Kinder ist natürlich die Tierwelt. Zebras, Löwen, Elefanten in freier Wildbahn – ein Riesenerlebnis!

Kenianer sind überwiegend sehr kinderfreundlich. Entsprechend problemlos ist im Allgemeinen auch ein Aufenthalt mit Kindern in Kenia. Natürlich setzen klimatische und geografische Besonderheiten je nach Alter der Kinder ein paar Vorsichtsmaßnahmen voraus. Im Dezember und Januar herrschen an der Küste die höchsten Temperaturen. Die Sonnenstrahlen in Äquatornähe sind um ein Vielfaches intensiver als in Europa. Ohne Schutzmittel können schon wenige Minuten zu einem starken Sonnenbrand führen. Benutzen Sie eine Creme mit hohem Lichtschutzfaktor. Auch die Gefahr von Malaria sollte – vor allem an der Küste – nicht unterschätzt werden. Entscheidend sind vorbeugende Maßnahmen: mit Einbruch der Dunkelheit Kleidung anziehen, die Arme und Beine bedeckt, ein Mückenspray, Schlafen unter intaktem Moskitonetz.

Safaris machen zwar den meisten Kindern Spaß, um sich selbst und den anderen Teilnehmern den Spaß aber nicht zu verderben, sollten Eltern abwägen, ob ihre Kinder alt genug sind, um an einer Safari teilzunehmen, die sehr anstrengend sein kann. Bei Übernachtung im Zeltcamp oder in der Lodge kann es nicht schaden, Kindern zu erklären, dass sie sich nicht auf einem Abenteuerspielplatz befinden, sondern in freier Wildbahn. Skorpionstiche sind äußerst schmerzhaft, Schlangenbisse können tödlich sein. Ohne Risiko und trotzdem interessant in Nairobi: das Waisenheim für Nashörner und Elefanten von Daphne Sheldrick *(S. 36)*, das Giraffenzentrum in Langata *(S. 37)* und der Nairobi National Park *(S. 37)*. Abwechslung bieten in Nairobi auch das National Museum mit dem Schlangenpark *(S. 31)*, die Bomas of Kenya *(S. 36)* und an der Küste die Krokodilfarm Mamba Crocodile Village *(S. 43)* nördlich von Mombasa sowie eine Schlangenfarm am Diani Beach.

In der Mehrzahl der Hotels sind Kinder willkommen. Schlafen sie im Zimmer der Eltern, so werden meist – für Kinder zwischen 2 und 11 Jahren – 50 Prozent berechnet. Es gibt allerdings auch Lodges, in denen Kinder gar nicht oder nur von einem bestimmten Alter an erwünscht sind.

Echt cool, Mann! Auch kleine Leute achten aufs Outfit

Angesagt!

Was Sie wissen sollten über Trends, die Szene und Kuriositäten in Kenia

Von wegen Buschtrommeln

Die Tanzfläche ist voll gepackt, die Band in Hochform. Jeden Mittwoch geht im »Carnivore« vor den Toren Nairobis die Post ab. Heute sind es Bebe Cool, Mzee Joseph Ngala und seine Bango Sounds Band und die Safari Sounds, die für Stimmung sorgen, und Mercy Maira, die attraktive Reggaesängerin mit der viel versprechenden Stimme. Ihre erste CD »Tabasamu« wurde auf dem für einheimische Musiker nicht einfachen kenianischen Markt auf Anhieb ein Verkaufshit, ein eigenwilliger Mix von Swahili-Sound, Kwaito, Benga, Hip-Hop und Blues.

Auf hohen Sohlen

Auch wenn der Zustand der Straßen in Nairobi jeden Schritt zu einer akrobatischen Übung werden lässt: Plateauschuhe, je höher, desto besser, gehören zum abendlichen Outfit der jungen Kenianerin, die in sein will. Und natürlich das Handy, das absolute Must für die Jugend der Metropole. Wovon junge Kenianer träumen, erfährt man im »Pavement« und im »Carnivore«, wenn die Schönheitskönigin gekürt wird oder Models die neuesten kenianischen Kreationen vorführen.

Globetrotter-Treff

Es sind keine Bürotypen, die man im »Campsite« in Nairobis Magadi Road trifft. Es ist der Treffpunkt der *Overlander*, der Weltenbummler, der Afrikafahrer, die in geländegängigen Bussen oder umgebauten LKW den schwarzen Kontinent durchqueren und in Kenia hier einen Zwischenstopp machen: Amerikaner, Australier, Engländer, Franzosen, Deutsche. Trinkfest die meisten, abenteuerlustig und immer gut für eine spannende Story.

Über den Wolken

Die Begeisterung für die Fliegerei ist seit Karen Blixens Zeiten in Kenia ungebrochen. Standort der Ein- und Zweimotorigen, von der hochbetagten Dakota bis zum modernen Lear Jet, ist der Wilson Airport in Nairobi, der Treffpunkt der Piloten der dortige Aero Club. Hier findet man sie alle im kolonialen Clubambiente an der Bar: Männer, die ihre Maschinen lieben, die über dem Himmel Afrikas das Abenteuer suchen, die Fluglehrer und ihre Schüler, die »Fliegenden Ärzte« und die »Buschpiloten«.

Von Anreise bis Zoll

Hier finden Sie kurz gefasst die wichtigsten Adressen und Informationen für Ihre Kenia-Reise

ANREISE

Eine Reihe europäischer Fluggesellschaften hat ihre Flüge nach Kenia zurzeit eingestellt. Seitdem gibt es keinen Direktflug von Frankfurt/Main nach Nairobi mehr. Tägliche Verbindungen unterhalten KLM bzw. Kenya Airways von Amsterdam (ab 720 Euro) und British Airways von London (ab 750 Euro). Darüber hinaus fliegen Thomas Cook und LTU je nach Saison mehrmals wöchentlich von Frankfurt nach Mombasa (ca. 800 Euro). Beim Rückflug sind in Nairobi und Mombasa 20 US $ (ca. 23 Euro) Flughafengebühr zu zahlen, falls diese Gebühr nicht bereits im Ticketpreis enthalten ist.

AUSKUNFT

Die staatlichen Verkehrsbüros von Kenia in Deutschland und der Schweiz sind aus Kostengründen geschlossen worden.

Botschaft der Republik Kenia
10969 Berlin, Markgrafenstr. 63, Tel. 030/259 26 60, Fax 25 92 66 50

Kenya Wildlife Service
Nairobi, Langata Road, Tel. 20/50 10 81 und 60 08 00, www.kws.org

Ministry of Tourism and Information
Nairobi, Utalii House, Uhuru Highway, P.O.B. 30027, Nairobi, Tel. 20/33 35 55, Fax 31 80 45

AUTO

In Kenia herrscht Linksverkehr und auf den Straßen oft das Gesetz des Dschungels. Vorfahrt hat theoretisch, wer von links kommt oder im Kreisverkehr ist, doch in der Praxis der, der zuerst da ist. Auf keinen Fall nachts auf Landstraßen fahren: Elefanten haben keine Rücklichter und viele andere Verkehrsteilnehmer auch nicht. Viele Straßen sind in schlechtem Zustand: Schlaglöcher, vom Regen weggespülte Seitenbegrenzung, tiefe Spurrillen. Horrende Kosten für Geländewagen und ein erhöhtes Sicherheitsrisiko in einigen Regionen lassen es zzt. geraten erscheinen, bei Safaris einen Wagen mit Chauffeur von einer anerkannten Mietwagenfirma zu mieten. Geschwindigkeitsbegrenzungen: auf Schnellstraßen 100, in Parks 30, im Stadtverkehr 50 km/h.

Automobile Association of Kenya, AAK
Nairobi, Union Towers, Moi Avenue, P.O.B. 14 982, Tel. 20/72 31 95, Fax 71 47 21

BAHN

»Lunatic Express« nannten die Engländer die Bahn, die seit Anfang des 20. Jhs. Mombasa mit Nairobi verbindet. Katastrophale Regenfälle haben die Strecke in Mitleidenschaft gezogen. 1999 forderte ein schweres Unglück 30 Todesopfer. Kenianische Reiseunternehmen boykottieren seitdem die Bahn. Zurzeit ist der sicherere Weg, nach Mombasa zu kommen, der Luftweg. Kenya Airways fliegt mehrmals täglich.

BANKEN & GELD

In Nairobi und Mombasa ist es kein Problem, Devisen und Reiseschecks in Banken oder größeren Hotels zu tauschen. Darüber hinaus gibt es eine wachsende Zahl von Wechselstuben (Forex-Büros), die gegen Vorlage des Passes Devisen und meist auch Reiseschecks eintauschen, oft zu einem günstigeren Wechselkurs. Am besten, man nimmt aus Sicherheitsgründen Reiseschecks und für alle Fälle einen kleineren Betrag in bar mit – in US$ oder auch in Euro, der inzwischen auch in Kenia akzeptiert ist. Außerhalb der Städte sollte man genügend kenianische Shilling dabei haben, für den Fall, dass man keine Bank oder Wechselstube findet. Internationale Kreditkarten – z.B. Visa und Mastercard – werden in Hotels und größeren Restaurants überwiegend akzeptiert.

BUS

Zwischen den größeren Städten Kenias gibt es regelmäßige Busverbindungen, auch auf der Strecke Nairobi–Mombasa. Aus Sicherheitsgründen nicht so empfehlenswert!

CAMPING

Es gibt über 200 Campingplätze in Kenia, vor allem in den Nationalparks und Reservaten. Der Komfort ist jedoch bescheiden: Zumeist gibt es nur »Buschtoiletten«, nur selten eine Wasserleitung. Campingausrüstung kann in Nairobi gemietet werden. Man braucht zum Campen allerdings ein Auto. Auf keinen Fall sollte man auf die Idee kommen, sein Zelt an der Küste am Strand aufzuschlagen. Das ist nicht nur verboten, sondern auch sehr gefährlich. Eine nützliche Adresse: *Best Camping Tours, Nairobi, Norwich Union House, Mama Ngina Street, P.O.B. 40223, Nairobi, Tel. 20/22 96 75, Fax 21 79 23, www.kenyaweb.com/bestcamping tours*

DIPLOMATISCHE VERTRETUNGEN

Deutsche Botschaft
Riverside Drive 113, P.O.B. 30180, Nairobi, Tel. 20/426 21 00, Fax 426 21 29, www.deutschebotschaft nairobi.org, ger-emb@kenyaweb.com, Mo–Fr 8.30–12.30 Uhr

Deutsches Honorarkonsulat
Ghalia & Ghalia Advocates, Bank of India Building, Nrkumah Road, Mombasa, Tel. 41/22 55 54, Fax 31 33 28, law@ghalia.com

Österreichische Botschaft
City House, Wabera Street, P. O. B. 30560, Nairobi, Tel. 20/22 82 81 (-83), Fax 33 17 92

Schweizerische Botschaft
International House, Mama Ngina Street, P. O. B. 30752, Nairobi, Tel. 20/21 46 60 und 22 87 35 (-6)

EINREISE

Besucher benötigen ein Visum. Es wird bei der Einreise am Flughafen bzw. an den Grenzübergängen erteilt oder vor Reiseantritt von der kenianischen Botschaft in Berlin ausgestellt. Voraussetzung ist ein gültiger Reisepass. Es kostet zurzeit 60 Euro (50 US$) für die einmalige Einreise und ist drei Monate gültig. Eine Verlängerung ist möglich; sie muss in Nairobi im Nyayo House beantragt werden.

GESUNDHEIT

Über die meisten Hotels ist ein Arzt erreichbar. Bei Notfällen und unterwegs auf Safari helfen die »Fliegenden Ärzte«: *AMRET Flying Doctors Service* (Nairobi: *P.O.B. 30125, Tel. 20/60 46 51 (24 Std.), Kontrollzentrum: Tel. 20/31 54 54, 60 24 92, Deutschland: Mauerkircher Str. 155, 81925 München, Fax 089/98 11 89, www.amret.org/germany.htm*. Für 25 Euro kann man eine Mitgliedschaft für einen Monat (50 Euro für ein Jahr) erwerben. Im Notfall wird man dann kostenlos bis zu einer Entfernung von 500 km vom Unfallort nach Nairobi geflogen.

Krankenhäuser

Nairobi Hospital, Argwings Kodhek Rd., Tel. 20/273 31 60, 371 44 00, 35 21 01

Aga Khan Platinum Jubilee Hospital, 3rd Parklands Ave. and Limuru Rd., Nairobi, Tel. 20/31 29 53, 22 77 10

Gertrude's Garden (Kinderkrankenhaus), Muthaiga Road, Nairobi, Tel. 20/376 34 74 (-6)

Aga Khan Hospital, Vanga Road, Mombasa, Tel. 41/31 29 53, 22 77 10

Diani Beach Hospital, Diani Beach, nahe des Indian Ocean Hotels, Tel. 40/320 24 79, Fax 30 80

Aga Khan Hospital, Otieno Oyoo Street, Kisumu, Tel. 57/435 16

Wer direkt aus Europa kommt, braucht zzt. keine Impfungen. Wer über andere afrikanische Länder einfliegt, muss u. U. den internationalen Impfpass mit gültiger Gelbfieber- und Choleraimpfung vorlegen. Vergessen Sie nicht die Malariaprophylaxe! Info: *www.fit-for-travel.de*

Was kostet wie viel?

Kaffee	**um 1 Euro** für eine Tasse
Nationalparks	**13–26 Euro** Eintritt für Parks/Reservate
Wein	**um 3 Euro** für ein Glas Wein
Wasser	**um 2,50 Euro** für ein Mineralwasser
Benzin	**1,05 Euro** für einen Liter normal
Taxi	**um 15 Euro** vom Flughafen in die Innenstadt von Nairobi

INTERNET

Guten Zugang zu aktuellen Informationen über Kenia vermitteln folgende Websites (in Englisch): *www.africaonline.com, www.kws.org, www.kenyabeach.com*

INTERNETCAFÉS

Kisumu: Imperial Plaza Café, Imperial Hotel

Mombasa: Clicks Netcafé, Superior House, 1st Makarada Road, tgl. 8–18 Uhr, ca. 4 Euro/Std.
Nairobi: Cyber Café, The Mall, Westlands, Cyberc@fe-Services, Kaunda Street; Millenium Cyber Café, Yaya-Einkaufszentrum, Hurlingham

JUGENDHERBERGEN

– *Nairobi Youth Hostel, Ralph Bunche Road, P.O.B. 48661, Tel. 20/272 30 12*
– *Y.M.C.A., State House Road, P.O.B. 63063, Nairobi, Tel. 20/272 41 61*
– *Y.W.C.A., Nyerere Road, P.O.B. 63063, Nairobi, Tel. 20/272 47 89*

MIETWAGEN

Niederlassungen internationaler Autoverleifirmen gibt es in Mombasa und Nairobi. Kenianische Unternehmen bieten günstigere Angebote. Es empfiehlt sich, den Zustand der Wagen vor Abfahrt genau zu prüfen. Aus Sicherheitsgründen ist es ratsam, Überlandfahrten nicht auf eigene Faust, sondern mit einem Fahrer zu unternehmen, der meist gleich mitgebucht werden kann.
– *Avis: Mombasa, Moi Avenue, Tel. 41/31 49 50; Nairobi, College House, Koinange Str., Tel. 20/33 67 04 (Flughafen 20/82 21 86)*
– *Budget: Nairobi, Mombasa Road, Tel. 20/65 21 44*

Weitere Angebote für Mietwagen finden Sie im Internet unter *www.marcopolo.de.*

POST

Gebühren für einen Luftpostbrief nach Europa (bis 10 g): 55 Ksh, (0,60 Euro), Luftpostkarte: 33 Ksh. Öffnungszeiten der Postämter: *Mo–Fr 8–17, Sa 8–12 Uhr*

PREISE & WÄHRUNG

Währungseinheit ist der Kenya Shilling (Ksh). Banknoten gibt es in Form von 10-, 20-, 50-, 100-, 200-, 500- und 1000-Shilling-Noten.

Die Übernachtungskosten sind stark gestiegen. In der Hauptsaison (Dez.–Feb.) werden Aufschläge verlangt. Meist ist es günstiger, Hotels und Lodges bereits zu Hause zu buchen. Es lohnt sich, nach Preisnachlässen zu fragen. Hotels und Safarianbieter erwarten, dass in Devisen gezahlt wird.

€	Ksh
1	100
2	200
3	300
4	400
5	500
7	700
8	800
9	900
10	1000

Ksh	€
10	0,10
25	0,25
30	0,30
40	0,40
50	0,50
70	0,70
80	0,80
90	0,90
500	5,00

REISEUNTERNEHMEN

African Safari Club
Reiseveranstalter mit Büros in mehreren deutschen Städten. *Königstr. 20, 70173 Stuttgart, Tel. 0711/ 16 27 40, www.ascag.net*

Bush Homes of East Africa
Vermittelt Ranches und Lodges. *P.O.B. 56923, Nairobi, Argwings Kodhek Rd., Tel. 20/60 04 57, Fax 60 50 08, www.bush-homes.co.ke*

Gametrackers
Abenteuersafaris mit LKW und Zelten, Fuß- und Kamelmärsche. *Nairobi, Nginyo Towers, Koinange/ Moktar Daddah St., Nairobi, Tel. 20/33 89 27, Fax 33 09 03, www.gametrackers.com*

Let's Go Travel
Caxton House, Standard Street, Nairobi P. O. B. 60342, Tel. 20/ 444 72 70, 444 16 90, Fax 444 72 70, www.letsgosafari.com

Travel Wild Ltd.
Arbor House, Arboretum Drive, P.O.B. 18725, Nairobi, Tel. 20/ 273 09 26, Fax 273 03 29, www.travel-wild.com

REISEZEIT

Das ganze Jahr. An der Küste sinken die Wassertemperaturen nie unter 21 Grad. Jahresmittel in Mombasa: 27 bis 31 Grad Celsius, Luftfeuchtigkeit um 70 Prozent. Hochsaison und heißeste Jahreszeit an der Küste ist Dez./Jan. Etwas kühler sind die Monate Juli/Aug. Reiseeinschränkungen kann es während der Regenzeit geben, meist von Ende März bis Mitte Mai und im Nov./ Dez. (Angaben ohne Gewähr). Dann sind zeitweise einige Regionen wie die Aberdares, der Norden, Amboseli und Masai Mara mit dem Wagen unpassierbar. An der Küste bedeutet Regenzeit im Allgemeinen heftige, kurze Schauer.

STROMSPANNUNG

Wechselstrom mit 230–240 Volt. Da die Anschlüsse britischer Norm entsprechen, sind für deutsche Geräte dreipolige Zwischenstecker erforderlich. In den Lodges erfolgt die Stromversorgung zumeist über einen Generator, der üblicherweise gegen 23 Uhr abgestellt wird.

TELEFON & HANDY

Das kenianische Telefonnetz ist veraltet und überlastet. Teilnehmer in Nairobi oder Mombasa zu erreichen, erfordert Geduld und Zeit. Wer sich's leisten kann, benutzt das Handy. Das Netz deckt noch nicht alle Regionen ab, aber zumindest Nairobi, Mombasa und die Küste. Von zwei Anbietern ist *Safaricom* der bessere. Eine SIM-Karte für deutsche Handys kostet 1000 KSh (ca. 10 Euro). Die erforderlichen Prepaidkarten, *Scratch Cards*, sind in den meisten Einkaufszentren in Nairobi und an der Küste erhältlich.

ZEIT

Kenia ist der MEZ um zwei, während der Sommerzeit in Mitteleuropa um eine Stunde voraus.

ZEITUNGEN

Über kenianische Ereignisse informieren die Tageszeitungen *Daily Nation, Standard* und *Kenya Times;* ein interessantes Nachrichtenmagazin ist die *Weekly Review.*

ZOLL

Einfuhr: 0,7 l alkoholische Getränke und eine Stange Zigaretten. Ein Ausfuhrverbot (und Einfuhrverbot nach Deutschland) gilt für Elfenbein, Felle, Korallen, Muscheln und Tiertrophäen.

Freimengen bei der Rückreise in die EU: 200 Zigaretten oder 50 Zigarren, 1 l Alkohol über 22 %, 2 l Wein, 50 g Parfüm oder 250 g Eau de toilette sowie Waren im Wert von 175 Euro. Für die Schweiz gelten andere Bestimmungen.

Wetter in Mombasa

	Jan.	Feb.	März	April	Mai	Juni	Juli	Aug.	Sept.	Okt.	Nov.	Dez.
Tagestemperaturen in °C	32	32	33	31	29	29	28	28	29	30	31	32
Nachttemperaturen in °C	23	23	24	24	23	21	20	20	21	22	23	23
Sonnenschein Std./Tag	9	9	9	8	6	8	7	8	9	9	9	9
Niederschlag Tage/Monat	4	2	5	10	14	9	11	10	9	12	10	6
Wassertemperaturen in °C	27	28	28	28	28	27	25	25	27	27	27	27

Do you speak English?

»Sprichst du Englisch?« Dieser Sprachführer hilft Ihnen, die wichtigsten Wörter und Sätze auf Englisch zu sagen

Zur Erleichterung der Aussprache sind alle englischen Wörter mit einer einfachen Aussprache (in eckigen Klammern) versehen.
Folgende Zeichen sind Sonderzeichen:

ə nur angedeutetes »e« wie in bitte
θ [s] gesprochen mit der Zungenspitze zwischen den Zähnen
’ die nachfolgende Silbe wird betont. Bei einer Hauptbetonung steht das Zeichen oben vor der Silbe, bei einer Nebenbetonung unten.

AUF EINEN BLICK

Ja./Nein.	Yes. [jäs]/No. [nəu]
Vielleicht.	Perhaps. [pə'häps]/Maybe. [‘mäibih]
Bitte.	Please. [plihs]
Danke.	Thank you. ['θänkju]
Vielen Dank!	Thank you very much. ['θänkju 'wäri 'matsch]
Gern geschehen.	You’re welcome. [joh 'wälkəm]
Entschuldigung!	I’m sorry! [aim 'sori]
Wie bitte?	Pardon? ['pahdn]
Ich verstehe Sie/dich nicht.	I don’t understand. [ai dəunt andə'ständ]
Ich spreche nur wenig …	I only speak a bit of … [ai 'əunli spihk ə'bit əw …]
Können Sie mir bitte helfen?	Can you help me, please? ['kən ju 'hälp mi plihs]
Ich möchte …	I’d like … [aid’laik]
Das gefällt mir (nicht).	I (don’t) like it. [ai (dəunt) laik‿it]
Haben Sie …?	Have you got …? ['həw ju got]
Wie viel kostet es?	How much is it? ['hau'matsch is it]
Wie viel Uhr ist es?	What time is it? [wot 'taim is it]

KENNENLERNEN

Guten Morgen!	Good morning! [gud 'mohning]
Guten Tag!	Good afternoon! [gud ahftə'nuhn]
Guten Abend!	Good evening! [gud 'ihwning]

Hallo! Grüß dich!	Hello! [hə'ləu]/Hi! [hai]
Mein Name ist …	My name is … [mai näims …]
Wie ist Ihr/dein Name?	What's your name? [wots joh 'näim]
Wie geht es Ihnen/dir?	How are you? [hau 'ah ju]
Danke. Und Ihnen/dir?	Fine thanks. And you? ['fain θänks, ənd 'ju]
Auf Wiedersehen!	Goodbye!/Bye-bye! [gud'bai/bai'bai]
Tschüss!	See you!/Bye! [sih ju/bai]
Bis morgen!	See you tomorrow! [sih ju tə'mərəu]

UNTERWEGS

Auskunft

links/rechts	left [läft]/right [rait]
geradeaus	straight on [sträit 'on]
nah/weit	near [niə]/far [fah]
Bitte, wo ist …?	Excuse me, where's …, please? [iks'kjuhs 'mih 'weəs … plihs]
Bahnhof	station ['stäischn]
Bushaltestelle	bus stop [bas stəp]
Flughafen	airport ['eəpoht]
Wie weit ist das?	How far is it? ['hau 'fahr‿is‿it]
Ich möchte ... mieten.	I'd like to hire ... [aid'laik tə 'haiə]
... ein Auto .../... ein Fahrrad ...	… a car. [ə 'kah]/…a bike. [ə 'baik]

Panne

Ich habe eine Panne.	My car's broken down. [mai 'kahs 'brəukn 'daun]
Würden Sie mir bitte einen Abschleppwagen schicken?	Would you send a breakdown truck, please? ['wud ju sänd ə bräikdaun trak plihs]
Gibt es hier in der Nähe eine Werkstatt?	Is there a garage nearby? ['is θeə‿ə 'gärahdsch 'niərbai]

Tankstelle

Wo ist die nächste Tankstelle?	Where's the nearest petrol station? ['weəs θə 'niərist 'pätrəlstäischn]
Ich möchte … Liter …	… litres of … ['lihtəs əw]
… Normalbenzin.	… three-star, ['θrihstah]
… Super.	… four-star, ['fohstah]
… Diesel.	… diesel, ['dihsl]
… bleifrei/verbleit.	… unleaded/leaded, please. [an'lädid/'lädid plihs]
Voll tanken, bitte.	Full, please. ['ful plihs]

Unfall

Hilfe!	Help! [hälp]
Achtung!	Attention! [ə'tänschn]

Vorsicht!	Look out! ['luk 'aut]
Rufen Sie bitte …	Please call … ['plihs 'kohl]
… einen Krankenwagen.	… an ambulance. [ən 'ämbjuləns]
… die Polizei.	… the police. [θə pə'lihs]
Es war meine Schuld.	It was my fault. [it wəs 'mai 'fohlt]
Es war Ihre Schuld.	It was your fault. [it wəs 'joh 'fohlt]
Geben Sie mir bitte Ihren Namen und Ihre Anschrift.	Please give me your name and address! [plihs giw mi joh 'näim ənd ə'dräs]

ESSEN/UNTERHALTUNG

Wo gibt es hier …	Is there … here? ['is θeər … 'hiə]
… ein gutes Restaurant?	… a good restaurant …[ə 'gud 'rästərohng]
… ein typisches Restaurant?	… a restaurant with local specialities … [ə 'rästərohng wiθ 'ləukl ,späschi'älitis]
Gibt es hier eine gemütliche Kneipe?	Is there a nice pub here? ['is θeər‿ə nais 'pab hiə]
Reservieren Sie uns bitte für heute Abend einen Tisch für vier Personen.	Would you reserve us a table for four for this evening, please? ['wud ju ri'söhw əs ə 'täibl fə foh fə θis 'ihwning plihs]
Die Speisekarte, bitte.	Could I have the menu, please. ['kud ai häw θə 'mänjuh plihs]
Ich nehme ...	I'll have ... [ail häw]
Bitte ein Glas ...	A glass of ..., please [ə 'glahs‿əw ... plihs]
Auf Ihr Wohl!	Cheers! [tschiəs]
Bezahlen, bitte.	Could I have the bill, please? ['kud ai häw θə 'bil plihs]
Wo sind bitte die Toiletten?	Where are the toilets, please? ['weərə θə 'toilits plihs]

EINKAUFEN

Wo finde ich …?	Where can I find …? ['weə 'kən‿ai 'faind]
Apotheke	chemist's [kämists]
Bäckerei	baker's [bäikəs]
Kaufhaus	department store [di'pahtmənt stoh]
Lebensmittelgeschäft	food store ['fuhd stoh]
Markt	market ['mahkit]

ÜBERNACHTUNG

Können Sie mir bitte … empfehlen?	Can you recommend …, please? [kən ju ,räkə'mänd … plihs]
… ein Hotel ...	… a hotel ... [ə həu'täl]
… eine Pension ...	… a guest-house ... [ə 'gästhaus]
Ich habe bei Ihnen ein Zimmer reserviert.	I've reserved a room. [aiw ri'söhwd‿ə 'ruhm]

Haben Sie noch …	Have you got … [həw ju got]
… ein Einzelzimmer?	… a single room? [ə 'singl ruhm]
… ein Doppelzimmer?	… a double room? [ə 'dabl ruhm]
… mit Dusche/Bad?	… with a shower/bath? [wiθ ə 'schauə/'bahθ]
… für eine Nacht?	… for one night? [fə wan 'nait]
… für eine Woche?	… for a week? [fə ə 'wihk]
Was kostet das Zimmer mit …	How much is the room with … ['hau 'matsch is θə ruhm wiθ]
… Frühstück?	… breakfast? ['bräkfəst]
… Halbpension?	… half board? ['hahf'bohd]
… Vollpension?	… full board? ['ful'bohd]

PRAKTISCHE INFORMATIONEN

Arzt

Können Sie mir einen guten Arzt empfehlen?	Can you recommend a good doctor? [kən ju ˌräkə'mänd ə gud 'doktə]
Ich habe hier Schmerzen.	I've got pain here. [aiw got päin 'hiə]

Post

Was kostet …	How much is … ['hau 'matsch is]
… ein Brief …	… a letter … [ə 'lätə]
… eine Postkarte …	… a postcard … [ə pəustkahd]
… nach Deutschland?	… to Germany? [tə 'dschöhməni]

ZAHLEN

0	zero, nought [siərəu, noht]	19	nineteen [ˌnain'tihn]
1	one [wan]	20	twenty ['twänti]
2	two [tuh]	21	twenty-one [ˌtwänti'wan]
3	three [θrih]	30	thirty ['θöhti]
4	four [foh]	40	forty ['fohti]
5	five [faiw]	50	fifty ['fifti]
6	six [siks]	60	sixty ['siksti]
7	seven ['säwn]	70	seventy ['säwnti]
8	eight [äit]	80	eighty ['äiti]
9	nine [nain]	90	ninety ['nainti]
10	ten [tän]	100	a (one) hundred ['ə (wan) 'handrəd]
11	eleven [i'läwn]		
12	twelve [twälw]	1000	a (one) thousand ['ə (wan) 'θausənd]
13	thirteen [θöh'tihn]		
14	fourteen [ˌfoh'tihn]	10000	ten thousand ['tän 'θausənd]
15	fifteen [ˌfif'tihn]		
16	sixteen [ˌsiks'tihn]	1/2	a half [ə 'hahf]
17	seventeen [ˌsäwn'tihn]	1/4	a (one) quarter ['ə (wan) 'kwohtə]
18	eighteen [ˌäi'tihn]		

Reiseatlas Kenia

Die Seiteneinteilung für den Reiseatlas finden Sie auf dem hinteren Umschlag dieses Reiseführers

Autobahnähnliche Schnellstraße
Dual carriage-way with motorway characteristics

Tankstelle
Filling-station

Durchgangsstraße: Asphaltiert · Unbefestigt
Thoroughfare: Tarred · Unmade

Wichtige Hauptstraße: Asphaltiert · Unbefestigt
Important main road: Tarred · Unmade

Hauptstraße: Asphaltiert · Unbefestigt
Main road: Tarred · Unmade

Sonstige Straße, Piste
Other road, track

Straßen in Bau
Roads under construction

Trekkingroute,
Trekking route,

Karrenweg, Fußweg
Mule-track, Footpath

Straßentunnel
Road tunnel

24 Straßen- Nummer
Road number

180 Fernkilometer
Very long distances in km

49 Großkilometer
Long distances in km

10 Kleinkilometer
Short distances in km

Fernverkehrsbahn
Main line railway

Sonstige Eisenbahn
Secondary line railway

Autofähre
Car ferry

Schifffahrtslinie
Shipping route

Fluss, ganzjährig
River, permanent

Fluss, periodisch
River, periodic

Süßwassersee
Freshwater lake

Salzsee
Saltwater lake

Sumpf
Swamp

Salzsumpf
Saltwater swamp

Mangrove
Mangrove

Korallenriff
Coral reef

Wüste
Desert

Staatsgrenze
National boundary

Verwaltungsgrenze
Administrative boundary

Kultur
Culture

Gedi Ruins — Eine Reise wert / Worth a journey
Lamu
Koobi Fora — Lohnt einen Umweg / Worth a detour

Landschaft
Landscape

Great Rift Valley — Eine Reise wert / Worth a journey
Mount Kenya
Aberdare Range — Lohnt einen Umweg / Worth a detour
Adamson's Falls

Ausflüge & Touren
Excursions & tours

Besonders schöner Ausblick
Important panoramic view

Nationalpark, Naturpark, Naturschutzgebiet
National park, natur park, nature reserve

15% Bedeutende Steigungen
Important gradients

1660 Pass mit Höhenangabe
Pass with height

(640) Ortshöhe
Elevation

4807 Bergspitze mit Höhenangabe in Metern
Mountain summit with height in metres

Landschaftlich besonders schöne Strecke
Route with beautiful scenery

Kirche · Kirchenruine
Church · Church ruin

Kloster · Klosterruine
Monastery · Monastery ruin

Moschee · Moschee-Ruine
Mosque · Mosque ruin

Schloss, Burg · Burgruine
Palace, castle · castle ruin

Denkmal · Wasserfall
Monument · Waterfall

Höhle · Ruinenstätte
Cave · Ruins

Sonstiges Objekt
Other object

Hotel, Berghütte · Lodge
Hotel, refuge · Lodge

Campingplatz · Rastlager
Camp site · Tented camp

Badestrand · Tauchen
Bathing beach · Diving

Wasserstelle, Quelle
Well, spring

Verkehrsflughafen · Flugplatz
Airport · Airfield

Landeplatz, saisonal
Landing ground, seasonal

Grenzkontrollstelle
Check-point

A
B
C
1
2
3
4
5
6
Eastern
UGANDA
Busoga
Western
Lake Victoria
Winam Gulf
Kidongole
Kachumbala
Siroko
Bulago
Buluganya
2768
3341
Muzoa
Mount Elgon
Mubiyi
4209
Hot Springs
Wagagai
4321
4310
Mount Sudek
Mount Elgon National Park
Suam
Susam Fishing Camp
Trans
C45
Mount Elgon Lodge
Kimothon Cave
Kimothon
Endebe
Chepkitale
2563
Kakoro
Kabwangasi
Iki
Kamonkoli
Namunsi
Budadiri
Butesa
Bugitimwa
Bugusege
(1143)
MBALE
Bududa
119
Naboa
Budaka
Busano
2346
Bulucheke
Nabuinali
Bubulo
2158
Bunambale
Kachonga
Manafwa
Busiu
Mazimasa
Butaleja
Bukhaweka
Nambola
45
2509
Kaptalelia
Saboti
C44
Kimi
Emerikit
Magodes
Khabutale
Magale
Butiru
Walanga
Kapsakwany
Kapkateny
Chesikaki
61
Molo
A104
Bubutu
Namba
Lwa Khakha
Wamono
Kimilili
Kamakoiwa
Natiri Corner
Mukuju
Kwapa
Moding
Sirisia
Teremi
C42
Kisoko
Mulanda
TORORO
Kolanya
Chwele
A1
Misikhu
Bokoli
Transafrican Highway
Osia
Sukulu
Kekalet
Malaba
Malakisi
Sikusi
Khachonge
Nyemera
70
Kimaeti
351
1672
Kibabii
Matisi
Lugulu
WEBUYE
Malaba
34
A109
Amukura
Myanga
Makotelo
Laundeti
Likoli
C43
C32
BUNGOMA
Maturu
Milo
Bulumbi
Kwangamor
Mateka
Sangalo
Butali
Tanga
29
Busia
BUSIA
Mungatsi
Shirugu
Malava
Masafu
Nambale
Munami
C31
Makunda
Wacheka
C41
Lwanda
97
Sio
Koyonzo
Mwana
Matayo
Buhuyi
C30
Malaha
Magole
Mumias
Butsotso
Lubao
Chemune
Lumino
1570
Butula Muandas
Marach (Bukhalalire)
Shianda
Buchinga
C40
KAKAMEGA
Bumala
Majanji
Nangina
Bukaya
C33
Lusumu
Lunza
Kakamega Forest Rese
Shinyalu
Sio
C30
Ukwala
Musanda
Butere
Bukura
Mukumu
Berkeley Bay
Ambira
Sigomere
Musoli
Shikondi
Muhudu
Siranga
B1
Kilingiri
Siamufua
Buambwa
Rangala
Mundoli
C39
Chavakli
Nzoia
Esibuye
Maragoli
Kaimosi
Ebusonga
Ndere
Malanga
Yala
Luanda
Mbale
Lake Kanyaboli
Port Bunyala
Boro
113
Vihiga
Kibagara
Siaya
C27
Ngiya
C38
Kapsotik
Kadenge
Usingo
1850
Gimarakwa
Maseno
Osieko
Nyamoye
Yala
C28
Akala
Lela
B1
A1
Ugowa Bay
Usengi
Kadimu
93
Ndori
Kisian
Kibos
Wusengi Point
Kadimu Bay
Bondo
C27
Awach
Kit Kikai
Pau Akuche
KISUMU
Kaloka
Mageta Island
Kamuga
Port Southby
Asembo
Asembo Bay
Ndere Island National Park
Ndere Island
Kampala
Madiany
Ragengni
Nyakach Bay
Osoda Point
Osoda Bay
Kusa
Ndigwa
Fort
(Crater Flamingoes)
Kendu Bay
Rakwaro
C19
Sondu
Prehistoric Discoveries of human Relicts
Ulajo
Ranalo
Homa Point
Mount Homa
1753
Gendia
Kasamanya
Sambo Orinda
Mfangano Island
Rusinga Island
Mbita
Rusinga Channel
Uyoma Port
Huma Lime
Kabondo
Governores Camp Lake Victoria
C26
Ukula
Sena
Gembe
Luanda
Homa Bay
Nyangweso
Ringa
Mbita Passage
1875
Gembe Hills
1868
Kagan
1298
Pelicanry
Oyugis
Ragwe Point
Kwoyo
C18
A1
Rangwe
Manga
112
108

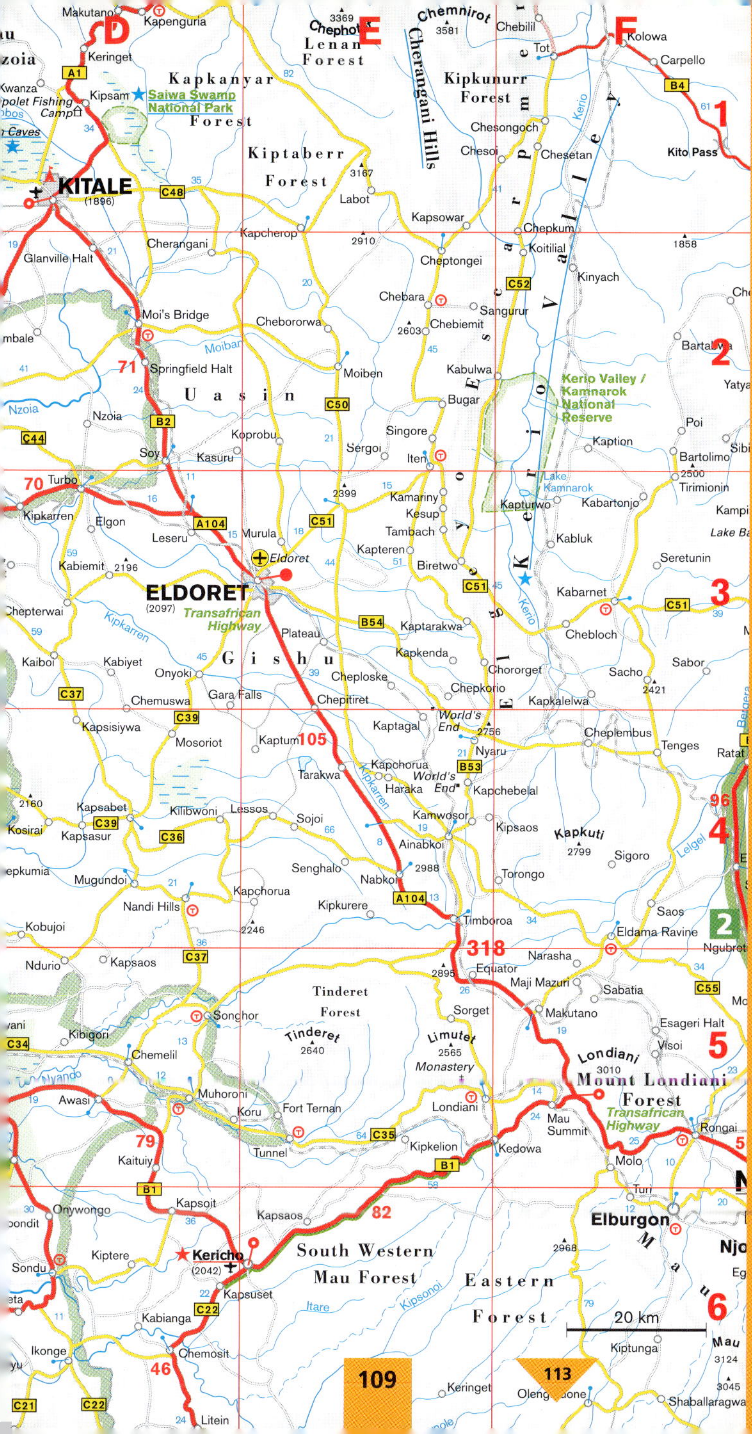
D
E
F
1
2
3
4
5
6
Makutano
Kapenguria
Keringet
A1
Kipsam
Saiwa Swamp National Park
Kapkanyar Forest
Kiptaberr Forest
Chephot
Lenan Forest
Cherangani Hills
Chemnirot
3581
3369
Chebilil
Tot
Kipkunurr Forest
Chesongoch
Chesoi
Chesetan
Kerio
Kolowa
Carpello
B4
Kito Pass
KITALE
(1896)
C48
3167
Labot
Kapcherop
2910
Kapsowar
Cheptongei
Chepkum
Koitilial
Kinyach
1858
Cherangani
Glanville Halt
Moi's Bridge
Chebororwa
Chebara
Sangurur
C52
Chebiemit
2603
Moiben
Moiben
Kabulwa
Bartabwa
Yatya
Kerio Valley / Kamnarok National Reserve
Springfield Halt
Uasin
C50
Bugar
Singore
Sergoi
Iten
Nzoia
Nzoia
B2
C44
Koprobu
Kasuru
Soy
Kaption
Poi
Bartolimo
2500
Tirimionin
Lake Kamnarok
Kapturwo
Kabartonjo
Kamariny
Kesup
Tambach
Kapteren
Biretwo
2399
C51
Turbo
Kipkarren
Elgon
Leseru
A104
Murula
Eldoret
Kabiemit
2196
ELDORET
(2097)
Transafrican Highway
Kabluk
Seretunin
Kabarnet
C51
Chebloch
Kaptarakwa
B54
Plateau
Kipkarren
Chepterwai
Kaiboi
Kabiyet
Onyoki
Gishu
Kapkenda
Chororget
Chepkorio
Sacho
2421
Sabor
Cheploske
Chepitiret
Gara Falls
Chemuswa
C39
C37
Kapsisiywa
Mosoriot
Kaptum
Kaptagat
World's End
2756
Nyaru
Kapkalelwa
Cheplembus
Tenges
Ratat
Tarakwa
Kapchorua
Haraka
World's End
B53
Kapchebelal
Kipsaos
Kapkuti
2799
Sigoro
2160
Kosirai
Kapsabet
Kapsasur
C39
C36
Kilibwoni
Lessos
Sojoi
Kamwosor
Ainabkoi
2988
Nabkoi
A104
Senghalo
Torongo
Lelgel
Mugundoi
Nandi Hills
Kapchorua
2246
Kipkurere
Timboroa
Saos
Eldama Ravine
Ngubret
Kobujoi
Ndurio
Kapsaos
C37
2895
Equator
Narasha
Maji Mazuri
Sabatia
C55
Tinderet Forest
Songhor
Tinderet
2640
Limutet
2565
Sorget
Makutano
Esageri Halt
Visoi
Londiani
3010
Mount Londiani Forest
Monastery
Kibigori
C34
Chemelil
Muhoroni
Awasi
Koru
Fort Ternan
Londiani
Transafrican Highway
Mau Summit
Rongai
Kaituiy
Tunnel
C35
Kipkelion
Kedowa
B1
Molo
Turi
B1
Onywongo
Kapsoit
Kapsaos
Elburgon
Kericho
(2042)
Kiptere
Sondu
South Western Mau Forest
Eastern Forest
2968
Mau
Kapsuset
C22
Kabianga
Itare
Kipsonoi
20 km
Chemosit
Ikonge
Kiptunga
Mau
3124
3045
C21
C22
Litein
Keringet
Olenguruone
Shaballaragwa
Belgera
113

A
B
C
1
2
3
4
5
6
Lake Turkana
Sibilo
Loruk
Chemoigut
Mukutan
2105
Kuti
34
Lake Baringo
Island Camp
975
Nosuguro
Kampi Ya Samaki
Lake Baringo Camp
Salabani
Loiminange
Ol Keju Losero
Ewaso Ngiro
C77
Colcheccio
Marigat
Logumukum
Ngelesha
2273
Tandaro
Mukenya
1844
Kaptim
Bergera
Sandai
Laikipia Escarpment
Loboi Gate
Lake Bogoria
Ol
Arabel
Forest
Laikipia
B4
Ratat
Ol Ngarua
El Karama Ranch
Maji Ya Moto
Hot Springs
963
Lake Bogoria National Reserve
C51
Rumuruti
96
Moto
Rumuruti Forest
Ewaso Narok
Emening
Emsos Gate
2608
Nabolo
1912
Sirwe
Chepkererat
Marmanet Forest
Mugurin
Hannington's View
Subukia Valley
Marmanet
2610
C76
Mukuyuni
Ngendale
Thomson's Falls
Thomson's Falls Lodge
Ol Pejeta Ranch
Ngubreti
Kisinana
Nyahururu
(2360)
Lomolo
1884
Solai
2137
Mogotio
Milton's Siding
Ngobit
Ongobit
Gilgil
Ol Punyata
Subukia
C77
Ndaragwa
88
Nagobit Fishing Club
3
Mc Call's Siding
71
Ol Joro Orok
Kampi Ya Moto
B5
Ngobit Gate
Sabugo
Lake Ol Bolossat
Kaheho
Aberdare
Shamata Gate
C83
Menengai
2773
C77
Chebuswa
3365
B5
Gatarakwa
50
Menengai Crater
2278
Dundori
Aberdare Range
NAKURU
(1850)
Hyrax Hill Museum
Lanet
Ol Kalou
Ol Doinyo Lesatima
3999
(Satima)
Wandaris Park Gate
The Ark
Ark Gate
C56
Main Gate
Tourist Centre
Lanet Gate
Mbaruk
Njoro
Pavillion (Disused)
Sarova Lion Hill Lodge
Wanjohi
National Park
Treetops
Egerton
Lake Nakuru
A104
40
Ruhuruini Gate
Lake Nakuru Lodge
Lake Nakuru National Park
Oleolondo
Chania Falls
NYE
(1753)
Mau
3124
Makalia Camp
Lake Elmenteita
C69
3349
Kiandongoro Gate
C57
Kariandusi
Kipipiri
Fishing Lodge
Tusha
Gura
3045
Elmenteita
Karura Falls
Gamble's Cave
Gilgil
Gura Falls
Kairuthi
Mutubio West Gate
Mau Narok
31
Melawa
North Kinangop
Gichichi
Enangiperi
Opuru
2865
Maasai Gorge
Ilkek
Morendat
Tulaga
Kinangop
3906
Kiamutu
Kiambogo
Eburru Guest Cottage
Aberdare Forest
Governors Camp Rift Valley
Naivasha
(1899)
Loldia Farm
S. Mathioya
South Kinangop
Ngusui
Lake Songasoi Lodge
Lake Naivasha
Melili
3098
Crater Lake Game Sanct.
Crescent Island Sanctuary
1884
Munyu
Transafrican Highway
Githioro
Githuru
C67
Lake Naivasha Country Club
Elsamere
Kiarutara
Kongoni
Suswa
Gatakaini
Safariland Lodge
92
Sakutiek
Olkaria Gate
Elsa Gate
Longonot Game Ranch
Chomo
Fisherman's Camp
Longonot
Kamae
Siapei
Hell's Gate National Park
Fisher's Tower
1850
C57
Njorowa Gorge
Longonot
2777
Kijabe
Magina
Gakoe
Ildamai
Centr
Matathia
Longonot National Park
C66
Karinga
Uplands
Oloombokoshi
Nairagie Ngare
B3
Kambaa
Githunguri
Suswa
2366
C65
Seyabei
Ntulelei
147
A104
Limuru
Ndumberi
Tigoni
Noolpopong
114
110
Kedong
Muguga
Ndenderu
Kiambu
Kahaw
Thigio
Kamuguga
1939
Nachu
2138
Kikuyu
C64
Ongata Naado

D
E
F
1
2
3
4
5
6
Longopito
Ngotogongoron
Ol Doinyo Ngiro
1977
Osinyei
Sinyai
Ewaso Ngiro
Samburu National Reserve
Samburu Serena Lodge
Samburu Lodge
West Gate
Buffalo Springs National Reserve
Buffalo Springs
Archer's Post Gate
Archer's Post
Natorbe Gate
Buffalo Springs Lodge
Buffalo Springs Tented Lodge
Ngare Mara Gate
Shaba National Reserve
Shaba Gate
1622
Chanler's Gate
Great North Highway
Kampi Ya Chumvi
A2
B9
32
Ol Doinyo Lossos
2124
Don Doi
Mukogodo Forest
Isiolo
Lewa Downs Guest Farm
Loragai
Al Jiju
Engwaki
2234
Loldaika Mountains
Doigan
2591
Trans East-African Highway
31
Loloria
1735
Ndare Forest
53
Kirua
25
Meru Forest
1627
Forest Lodge
2617
B6
1617
Mutuati
Lare
Kangeta
Muthara
Itiani
2514
Maua
Tigania
Nyambeni Hills
Miathene
Amugaa
Kathi
Mikinduri
Ruiri
Thimangiri
Giak
Thanandu
Timau
Sirimon
Embori
Kithaku
Kazita
MERU
NANYUKI
(1945)
Mt. Kenya Safari Club
Mount Kenya
Judy Mey's Camp
Mount Kenya National Park
Nanyuki
Burguret Halt
Mountain Rock Lodge
Secret Valley Lodge
Ithanguni
3894
Kithirune
Nkubu
1370
Mitunguu
Kanyekine
Naro Moru River Lodge
Mackinders Camp
Batian
5199
4985
Lenana
Meru-Mount Kenya Lodge
Kionyo
Igoji
C92
Gatunga
Tunyai
Naro Moru
Meteorological Station
Austrian Hut
Ndua
2783
Keria
Magutuni
Chogoria
Mutindwa
Trans East-African Highway
284
50
Kabaru
Sagana
Nithi
Ruguti
Thuchi
Chuka
154
Kanjuki
1527
Chiokarige
Mutonga
Hombe
Mountain Lodge
Irangi
Kamweti
Nyeri Station
Thego Fishing Camp
Giakaibij
Chehe
Gathanda-ini
Itugururu
Kiganjo
Ihwagi
Thiba Fishing Camp
Runyenje
Thuchi River Lodge
C93
Mucharo
Kagumo
B6
Ena
Kanyambora
Ishiara
Karatina
Kiamutugu
Nembure
Gititu
73
Keruguya
Kianyaga
EMBU
Tana
Gachiriro
Makaungu
C74
Ndiaini
Mururi
Kiamuringa
Siakago
Kiangombe
1803
Kerie
Gakurwe
Gumba
Kutus
C73
Kagio
62
Kimbimbi
Musonoke
Gathukiini
Mugeka
Sagana
B6
Thiba
Nyamindi
Kiritiri
Kiambere Reservoir
Kiambere
Koimbi
C72
MURANG'A
(1204)
Fort Hall
Iriamurai
80
Wamumu
Kiahiti
Maragua
Mwea National Reserve
Mavuria
Riachira
Karaba
Kamahuna
Riakanau
Saba Saba
37
Kivaa
Kindaruma Reservoir
Makuyu
A2
Masinga Reservoir
Gitaru Res.
C71
B7
Kaewa
Kabati
Santamor Halt
Kititu
1311
Mitubiri
Masinga
THIKA
(1494)
Thika Falls
Chania Falls
Kilima Mbogo
Kilima
Nzukini
A3
Thitani
Kithioko
Trans East-African Highway
A3
91
Kangonde
1530
Kalimoni
Fourteen Falls
Matuu
20 km
2146
Kyanzavi
Ol Doinyo Sapuk National Park
Nairobi
111
115
B7
Katutu
63
Mathunyani
Ndolo Cor
Kathibo
Tala Touris
himani

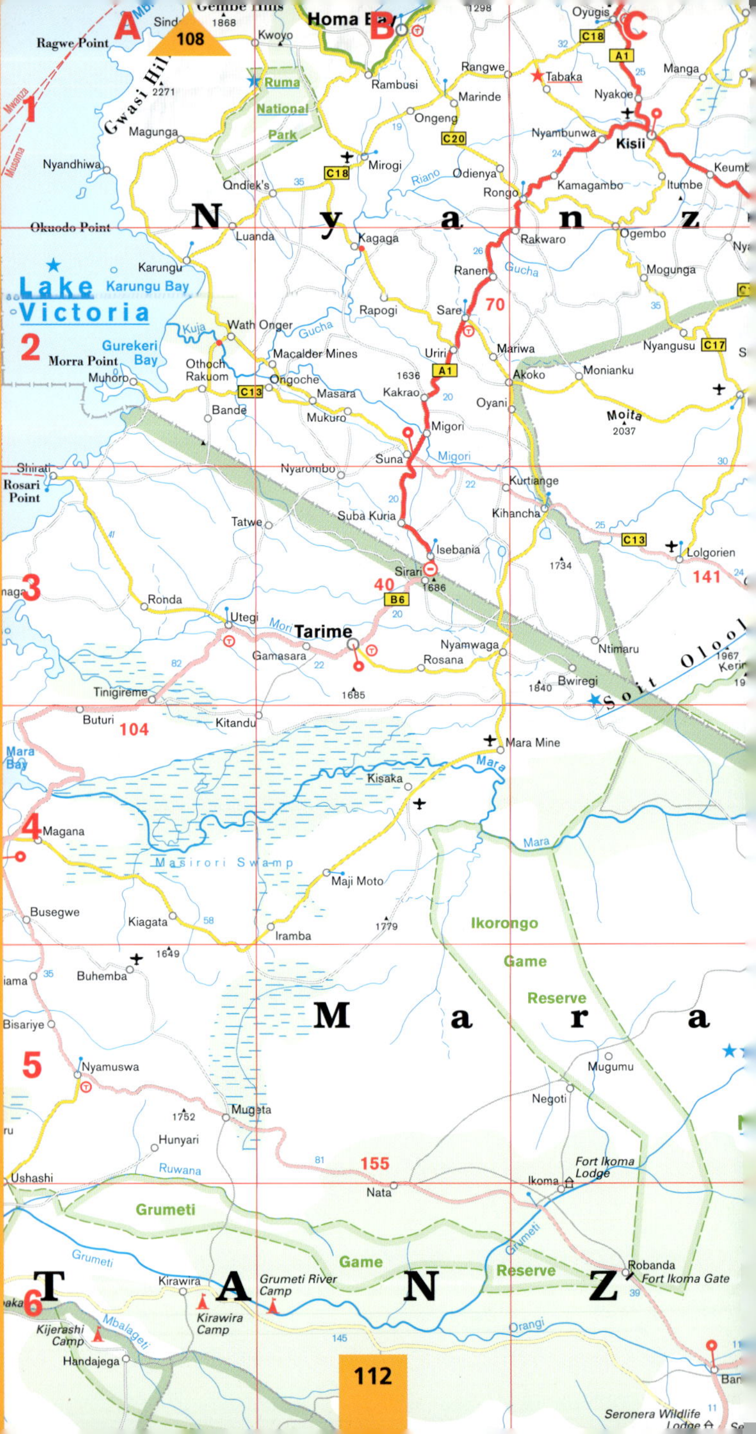

A
B
C
108
Homa Bay
Gembe Hills
1868
Sind
Ragwe Point
Kwoyo
Gwasi Hills
2271
Ruma National Park
Rambusi
1298
Oyugis
C18
A1
Rangwe
Tabaka
Manga
Nyakoe
Marinde
Ongeng
C20
Nyambunwa
Kisii
Keumbu
Magunga
Nyandhiwa
Mirogi
C18
Qndiek's
Riano
Odienya
Rongo
Kamagambo
Itumbe
Mwanza
Musoma
1
N y a n z a
Okuodo Point
Luanda
Kagaga
Rakwaro
Ogembo
Karungu
Karungu Bay
Lake Victoria
Ranen
Gucha
Moguna
Rapogi
Sare
70
Wath Onger
Gucha
Kuja
Gurekeri Bay
2
Morra Point
Othoch Rakuom
Muhoro
Macalder Mines
Ongoche
C13
Masara
Bande
Mukuro
Uriri
A1
1636
Kakrao
Mariwa
Akoko
Monianku
Nyangusu
C17
Oyani
Moita
2037
Migori
Suna
Migori
Shirati
Rosari Point
Nyarombo
Kurtiange
Kihancha
Suba Kuria
Tatwe
Isebania
Sirari
1686
40
B6
C13
Lolgorien
141
1734
3
Ronda
Utegi
Mori
Tarime
Gamasara
Nyamwaga
Rosana
Ntimaru
Soit Olool
1967
Keri
Bwiregi
1840
1685
Tinigireme
Buturi
104
Kitandu
Mara Mine
Mara Bay
Mara
Kisaka
4
Magana
Masirori Swamp
Mara
Maji Moto
Busegwe
Kiagata
Iramba
1779
Ikorongo Game Reserve
1649
Buhemba
M a r a
Bisariye
5
Nyamuswa
Mugumu
Negoti
1752
Mugeta
Hunyari
155
Ruwana
Fort Ikoma Lodge
Ikoma
Ushashi
Nata
Grumeti Game Reserve
Grumeti
Grumeti
Robanda
Fort Ikoma Gate
T A N Z A
6
Kirawira
Grumeti River Camp
Kirawira Camp
Kijerashi Camp
Mbalageti
Orangi
Handajega
Seronera Wildlife Lodge
112

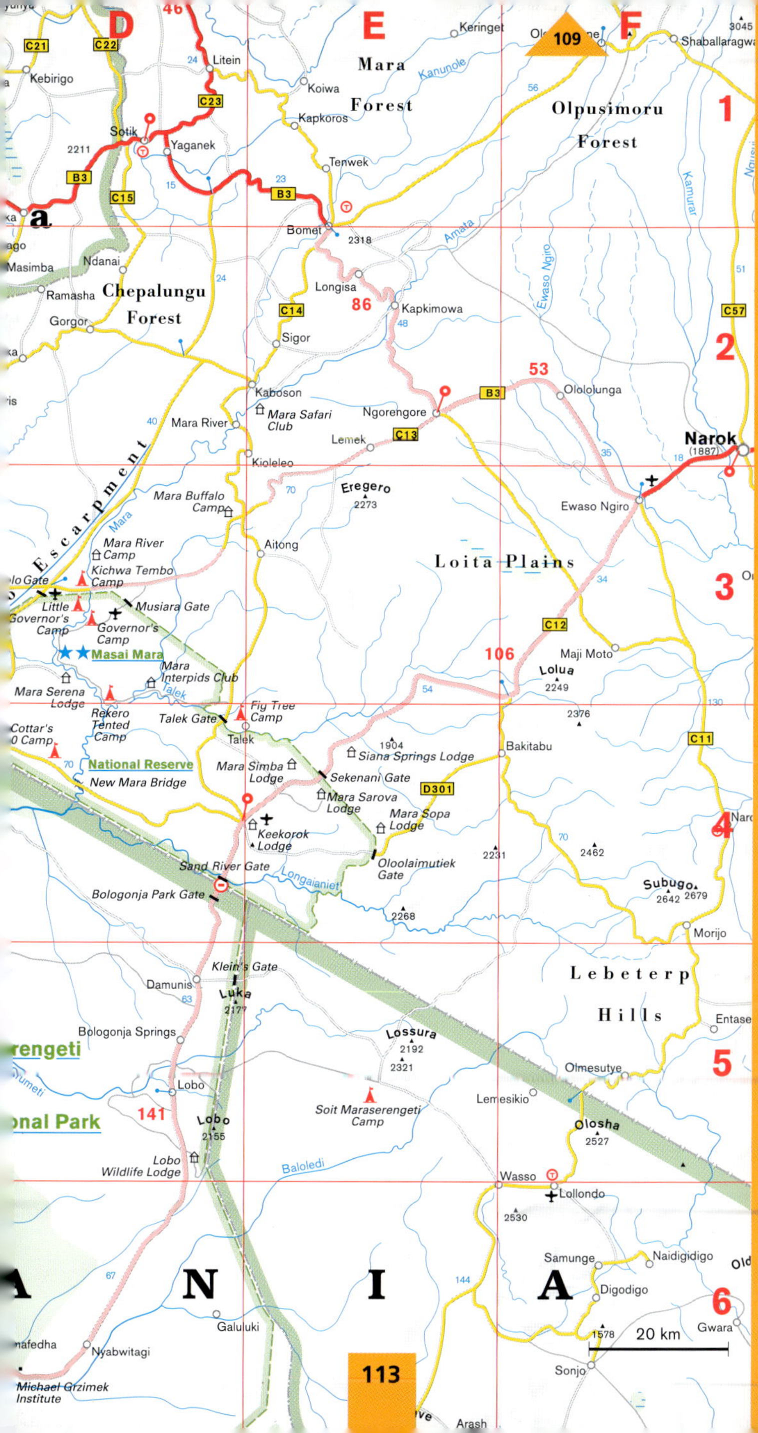
109
D
E
F
1
2
3
4
5
6
Mara Forest
Olpusimoru Forest
Chepalungu Forest
Loita Plains
Lebeterp Hills
Masai Mara National Reserve
Serengeti National Park
N I A
C21
C22
C23
C15
B3
C14
C13
C12
C11
C57
D301
46
86
53
106
141
Kebirigo
Litein
Koiwa
Keringet
Shaballaragwa
3045
Kanunole
Kapkoros
Sotik
Yaganek
2211
Tenwek
Bomet
2318
Amata
Kamurar
Ewaso Ngiro
Masimba
Ndanai
Ramasha
Gorgor
Longisa
Kapkimowa
Sigor
Kaboson
Mara Safari Club
Ngorengore
Ololulunga
Narok
(1887)
Mara River
Lemek
Kioleleo
Eregero
2273
Mara Buffalo Camp
Escarpment
Mara
Mara River Camp
Kichwa Tembo Camp
Aitong
Ewaso Ngiro
Little Governor's Camp
Musiara Gate
Governor's Camp
Mara Interpids Club
Talek
Mara Serena Lodge
Maji Moto
Lolua
2249
2376
Fig Tree Camp
Talek Gate
Talek
Rekero Tented Camp
Cottar's 20 Camp
New Mara Bridge
1904
Siana Springs Lodge
Bakitabu
Mara Simba Lodge
Sekenani Gate
Mara Sarova Lodge
Mara Sopa Lodge
Keekorok Lodge
Sand River Gate
Longaianiet
Bologonja Park Gate
Oloolaimutiek Gate
2231
2462
Subugo
2642
2679
2268
Morijo
Klein's Gate
Damunis
Luka
2177
Bologonja Springs
Lossura
2192
2321
Entasekera
Olmesutye
Lobo
Soit Maraserengeti Camp
Lemesikio
Lobo
2155
Olosha
2527
Lobo Wildlife Lodge
Baloledi
Wasso
Lollondo
2530
Samunge
Naidigidigo
Digodigo
Galuluki
1578
20 km
Gwara
Nyabwitagi
Sonjo
Michael Grzimek Institute
Arash

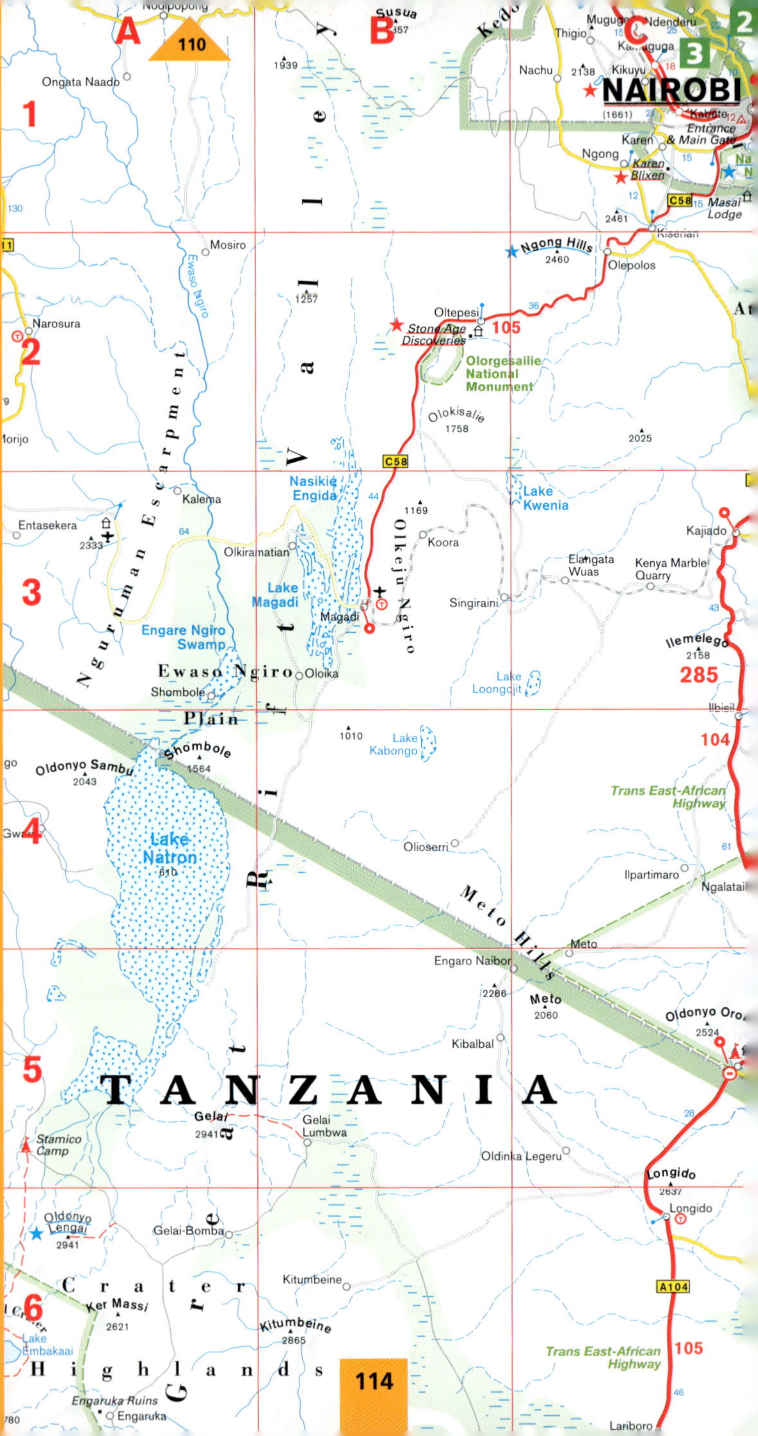
A
B
C
1
2
3
4
5
6
110
114
NAIROBI
(1661)
Ngong
Karen
Karen Blixen
Kikuyu
Thigio
Nachu
2138
Kabete
Entrance & Main Gate
Masai Lodge
C58
2461
Kiserian
Ngong Hills
2460
Olepolos
Oltepesi
Stone Age Discoveries
105
Olorgesailie National Monument
Olokisalie
1758
2025
Susua
1939
Ongata Naado
130
Mosiro
Ewaso Ngiro
1257
Narosura
Morijo
Kalema
Entasekera
2333
64
Nguruman Escarpment
Olkiramatian
Nasikie Engida
44
1169
Olkeju Ngiro
Koora
Lake Kwenia
Kajiado
Elangata Wuas
Kenya Marble Quarry
Singiraini
Lake Magadi
Magadi
43
Ilemelego
2158
285
Engare Ngiro Swamp
Ewaso Ngiro
Oloika
Shombole
Plain
Lake Loongojit
Ilbisil
104
1010
Lake Kabongo
Shombole
1564
Oldonyo Sambu
2043
Trans East-African Highway
Rift Valley
Lake Natron
610
Olioserri
61
Ilpartimaro
Ngalatai
Meto Hills
Meto
Engaro Naibor
2286
Meto
2060
Oldonyo Oro
2524
Kibalbal
TANZANIA
Gelai
2941
Gelai Lumbwa
28
Stamico Camp
Oldinka Legeru
Longido
2637
Longido
Oldonyo Lengai
2941
Gelai-Bomba
Kitumbeine
Crater Highlands
Ker Massi
2621
Kitumbeine
2865
A104
Lake Embakaai
Trans East-African Highway
105
46
Engaruka Ruins
Engaruka
Lariboro

D
E
F
1
2
3
4
5
6
111
115
120
Ol Doinyo Sapuk National Park
Kyanzavi
Yatta
Kithi
Nairobi
Dandora
Nairobi (Jomo Kenyatta International)
Embakasi
26
Athi
Tala
Tala Tourist Lodge
Kangundo
Kabaa
Kinyala
Mitaboni
Kathiiani
Kivaani
Syathani
Makutano
Myondoni
Katangi
Wamunyu
Marimbeti
Athi River
Cheetah Gate
Mutondoni
Ngelani
Masil
MACHAKOS
1836
22
Lukenya
Mosque
Kaani
Plains
Lema
Kitooni
Kiatineni
Tawa
Miu
Thwake
1625
Uaani
Stony Athi
Makaveti
Kavumbu
Ilika
Mbombuni
Muumandu
1921
Kapiti Plains Estate
Mbooni
1939
Kalawa
Mutembuku
Kapiti Plains
Konza
Transafrican Highway
Kivani
Kilala
Katangini
Kitandi
Keite
Makueni
Kilima Kiu
Nunguni
Ulu
Salama
Enzai
Kikoko
Nziu
Wautu
110
Nkoikarisini
Kiu
Mumbuni
Maiyani
Kathonzweni
Kalembwam
Kasikeu
Matiliku
Enkorika
Kima
Masumba
Busiani
1725
Sultan Hamud
1388
Mwanyan
Kikumini
Nzai
Emali
Mashuru
Iron Snake Train
Kibini
Muoni
Simba
Kiboko
Selengei
65
Temple
Transafric Highw
Emotoroki
Mailua
Olosinkiran
Merueshi
Amboseli
Lengesim
Migululu
1511
West Chyul
Game
Namanga (Meshanani) Gate
Reserve
Kilimanjaro Buffalo Lodge
Makutano
Campi Ya Kanzi
Lake Amboseli
Amboseli
Lemboti Gate
Ol Tukai
Ol Tukai Lodge
Kilimanjaro Safari Lodge
Amboseli Lodge
Kimana Lodge
Sinya Mine
Kitirua Gate
Amboseli Serena Lodge
National Park
Kimana (Olkelunyiet) Gate
Mabati
Kimana Safari Lodge
Kimana
Kilimanjaro Buffalo Lodge
20 km
Ol Molog
Osirwa Safari Cottages
Kamwanga
Endoinet
Curio Shop
Oloitokitok
Londoross
Mount Ki... aro
Rongai
Entarera
Engare
A2
A109
B7
C97
C98
C99
C100
C101
C102
C103

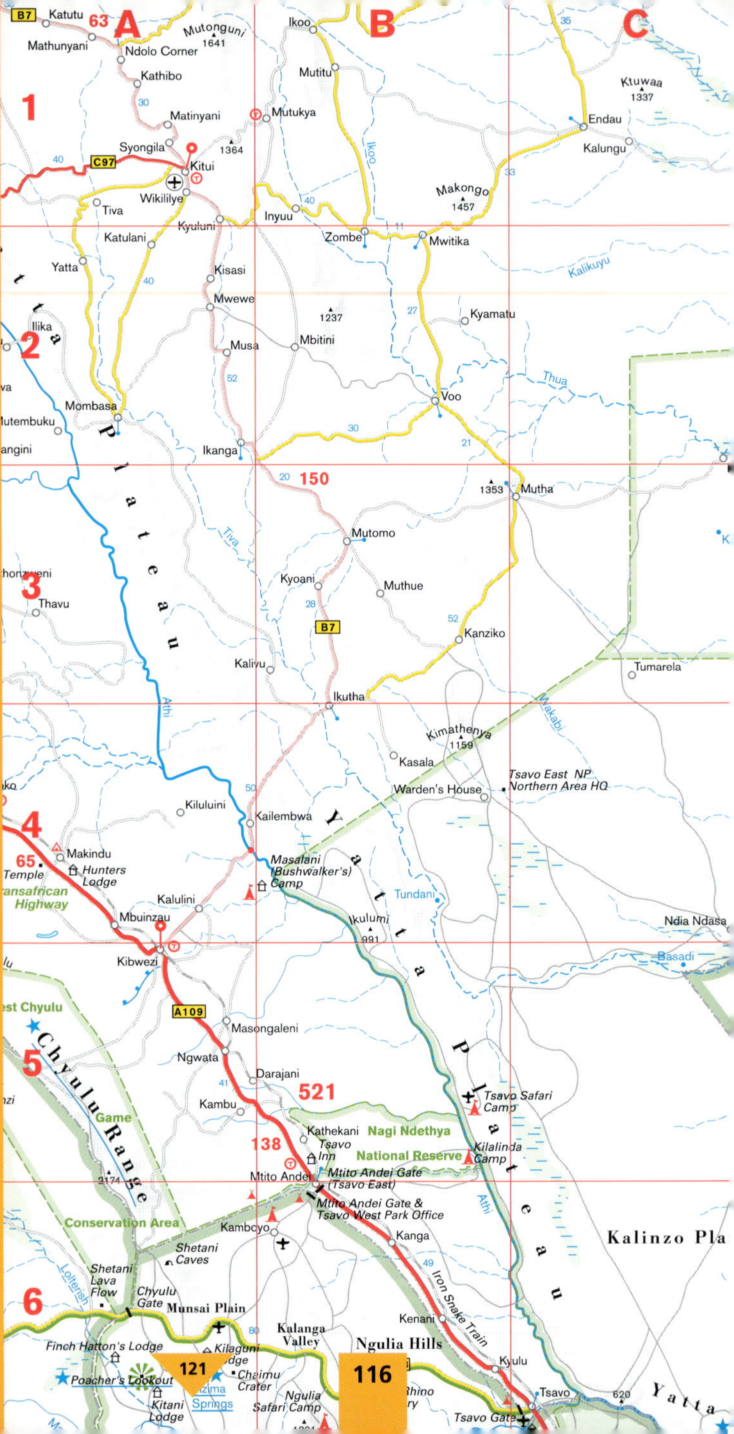
A
B
C
1
2
3
4
5
6
B7
Katutu
63
Mathunyani
Mutonguni
1641
Ndolo Corner
Kathibo
Ikoo
Mutitu
Mutukya
Matinyani
Syongila
1364
C97
Kitui
Wikililye
Tiva
Katulani
Kyuluni
Inyuu
Zombe
Mwitika
Makongo
1457
Endau
Kalungu
Ktuwaa
1337
Kalikuyu
Yatta
Ilika
Kisasi
Mwewe
1237
Kyamatu
Musa
Mbitini
Thua
Voo
Mombasa
Mutembuku
Ikanga
150
1353
Mutha
Mutomo
Kyoani
Muthue
Kanziko
Thavu
Plateau
Kalivu
Ikutha
Tumarela
Athi
Makabi
Kimathenya
1159
Kasala
Warden's House
Tsavo East NP Northern Area HQ
Kiluluini
Kailembwa
Makindu
65
Temple
Hunters Lodge
Transafrican Highway
Masalani (Bushwalker's) Camp
Tundani
Kalulini
Mbuinzau
Ikulumi
991
Ndia Ndasa
Basadi
Kibwezi
A109
West Chyulu
Masongaleni
Ngwata
Chyulu Range
Darajani
521
Kambu
Game
Tsavo Safari Camp
Kathekani
Nagi Ndethya
138
Tsavo Inn
National Reserve
Kilalinda Camp
Mtito Andei
Mtito Andei Gate (Tsavo East)
2174
Mtito Andei Gate & Tsavo West Park Office
Conservation Area
Kambuyo
Kanga
Kalinzo Pla
Shetani Caves
Shetani Lava Flow
Lolterish
Iron Snake Train
49
Chyulu Gate
Munsai Plain
Kenani
Kalanga Valley
Ngulia Hills
Finch Hatton's Lodge
Kilaguni Lodge
121
116
Kyulu
Poacher's Lookout
Chaimu Crater
Mzima Springs
Kitani Lodge
Ngulia Safari Camp
Rhino
Tsavo
620
Tsavo Gate

D
E
F
1
2
3
4
5
6
Laga Komoli
Kathemboni
Chifiri
Mutiboko
Wayu
Thua (Galo
Laga Kitole
Kakya
Mutumbi
th Kitui
Thiunguni
Thua
tional
ni
Abakuno
serve
Abasula
emba
Tiva
C
o
a
avo East
Dakawachu
Bulbula
Baragli
tional Park
20 km
117
122
Manye
rpment

A
B
C
1
2
3
4
5
6
North
s
t
Masabubu
B8
Makere
Galimani
Ananotu
Arawale
National Reserve
Balguda
(Galole)
Hola
Pumwani
Ingille
Tana
Ijara
Masalani
Dafam
39
Wenje
97
Mchele'o Camp
Tana River Primate Sanctuary
Baymo
Baomo Lodge Site
Kitere
Laga Kokani
Mnazini
Fudua
Mwina
Marembo
Kulesa
Wema
Hewani
Garsen
Tulu
Idsowe
Nyangore
Minjila
Kibusu
C112
Pangani
Lake Shaka Babo
Ngao
Dida Waredi
Witu
31
Tana River Delta
Matapani
Golbanti
Oda
Kau
Laini
Anasa
55
Ozi
Kipini
Swahili Ruins
Dera
134
Karawa
50
Ungwana Bay
48
Gandi
B8
Hadu
Marereni
20
Ramada
Fundisa
Manyeso
Hell's Kitchen
Mizijini
Ras Ngomeni
123

D
E
F
1
2
3
4
5
6
a s t e r n
SOMALIA
Galma Galla
Lac Gifta Bura
Laga Gare bey
Uaiore
Madero
Bio Gudud
Boni National Reserve
Dodori
Arosen
Chiamboni
Ras Chiamboni
Dar Es Salaam (Shakani)
Mararani
Mangai
Milimani
Kiunga
Kiungamwina Island
Dodori National Reserve
Mambore
Simambaya Island
Kiunga National Marine Reserve
Bodhei
Majengo
Kiduruni
Rubu
Kiwaihu Safari Lodge
Simambaya
Kiwayu
Ashuwei
Oseni
Mkokoni
Kiangwe
Anish
Mongani Creek
Magumba
Dondo
Siyu Channel
Kiwayu Island
Ndau Island
Kiwayu Island Lodge
Bargoni
Tondwa
Faza
Kiwayu Bay
Magogoni
Fort
Paté Island
Kizingitini
Mitangawanda
Siyu
Shanga Ruins
Paté
Kisingati Island
Paté Bay
Hindi
Blue Safari Club
Hidio
Mokowe
Lamu
Manda Toto Island
Manda
Lamu
Mariyamu
Manda Bay
Matondoni
Lamu Fort
Manda Island
Shela
Takwa Milinga
Mkunumbi
Takwa Ruins
Lamu Island
Shela Beach
Ras Kitau
Lamu Bay
Kiongwe
Ras Tenewe
INDIAN
OCEAN
20 km

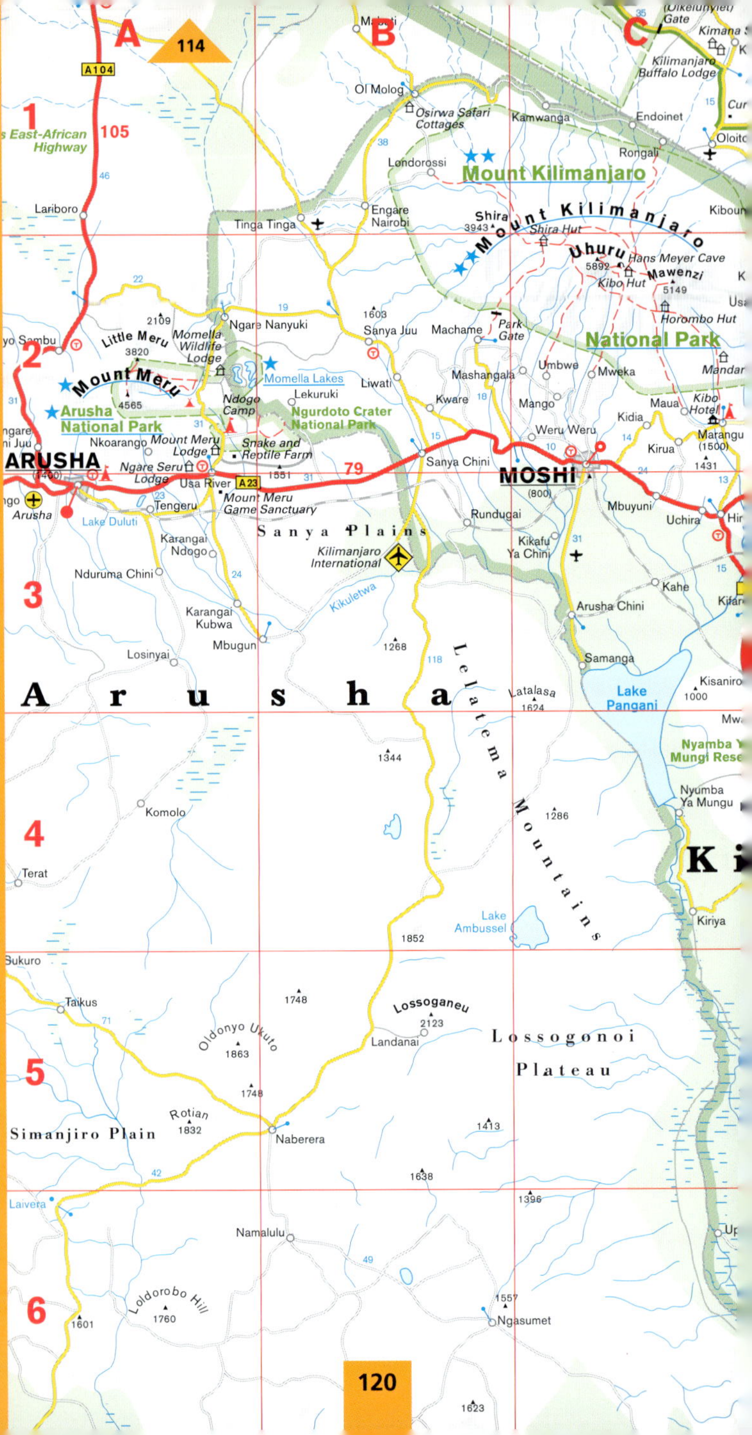

114
A
B
C
1
2
3
4
5
6
A104
105
East-African Highway
Lariboro
Sambu
Little Meru
Mount Meru
Arusha National Park
ARUSHA
(1400)
Arusha
Nkoarango
Mount Meru Lodge
Ngare Seru Lodge
Usa River
Tengeru
Lake Duluti
Karangai Ndogo
Nduruma Chini
Karangai Kubwa
Mbugun
Losinyai
Momella Wildlife Lodge
Ngare Nanyuki
Momella Lakes
Ndogo Camp
Lekuruki
Ngurdoto Crater National Park
Snake and Reptile Farm
Mount Meru Game Sanctuary
Sanya Plains
Kilimanjaro International
Kikuletwa
Tinga Tinga
Engare Nairobi
Ol Molog
Osirwa Safari Cottages
Londorossi
Kamwanga
Endoinet
Rongali
Mount Kilimanjaro
Shira
Shira Hut
Uhuru
Hans Meyer Cave
Kibo Hut
Mawenzi
Horombo Hut
National Park
Park Gate
Machame
Sanya Juu
Liwati
Mashangala
Umbwe
Mweka
Mandara
Kibo Hotel
Marangu
(1500)
Kidia
Maua
Mango
Kware
Weru Weru
Kirua
Sanya Chini
MOSHI
(800)
Mbuyuni
Uchira
Rundugai
Kikafu Ya Chini
Kahe
Arusha Chini
Samanga
Lake Pangani
Kisaniro
Nyumba Ya Mungu
Nyamba Ya Mungu Reserve
Kiriya
Kilimanjaro Buffalo Lodge
Kimana
Gate
Kibo
79
A23
Arusha
Lelatema Mountains
Latalasa
Komolo
Terat
Lake Ambussel
Sukuro
Taikus
Oldonyo Ukuto
Lossoganeu
Landanai
Lossogonoi Plateau
Simanjiro Plain
Rotian
Naberera
Laivera
Namalulu
Loldorobo Hill
Ngasumet

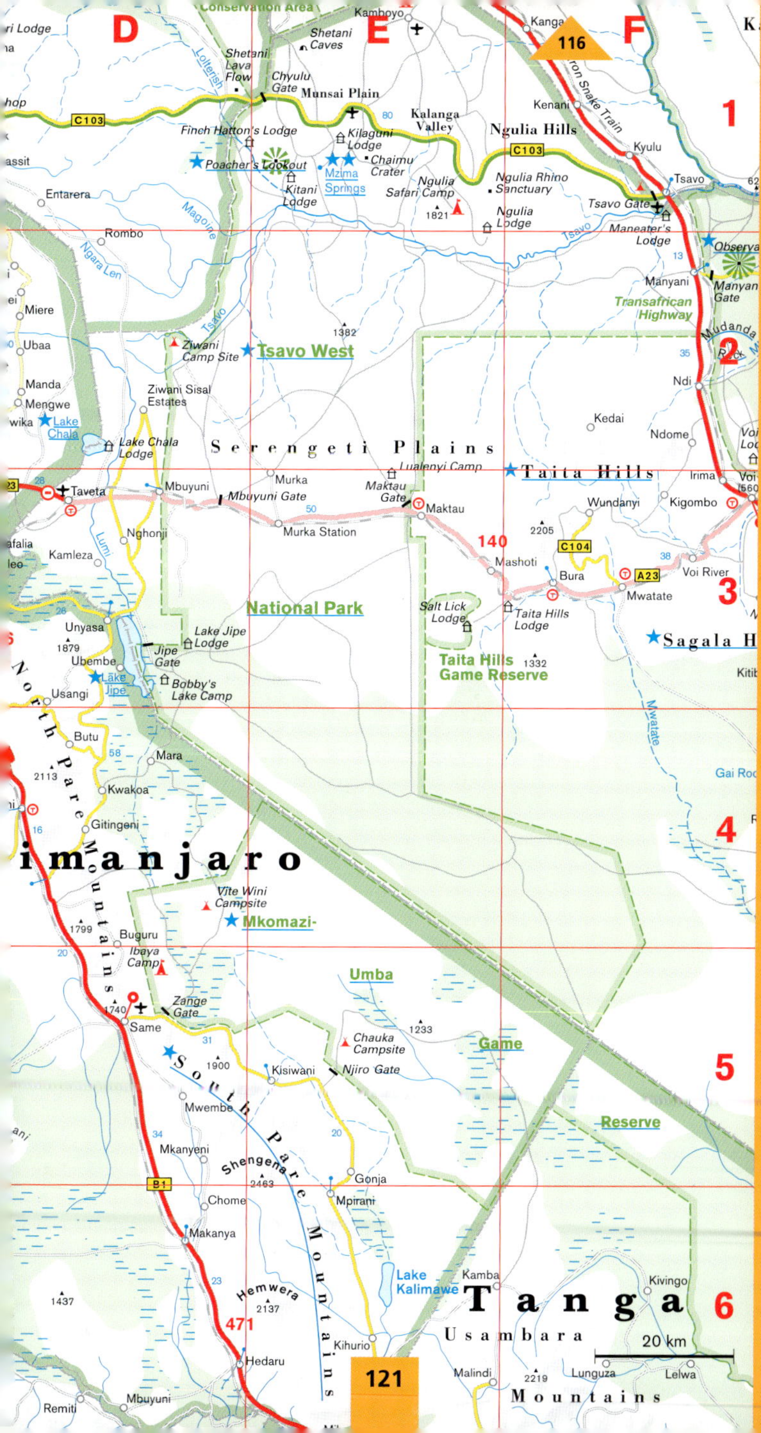

D
E
F
116
121
1
2
3
4
5
6
Conservation Area
Kamboyo
Kanga
Shetani Caves
Shetani Lava Flow
Chyulu Gate
Munsai Plain
Lolterish
Kalanga Valley
Ngulia Hills
Kenani
Iron Snake Train
C103
Finch Hatton's Lodge
Kilaguni Lodge
Chaimu Crater
Kyulu
Poacher's Lookout
Mzima Springs
Kitani Lodge
Ngulia Safari Camp
Ngulia Rhino Sanctuary
Tsavo
Tsavo Gate
Ngulia Lodge
1821
Entarera
Magoine
Rombo
Ngara Len
Tsavo
Maneater's Lodge
Observa
Manyani
Manyani Gate
Transafrican Highway
Miere
Ubaa
Manda
Mengwe
Lake Chala
Lake Chala Lodge
1382
Ziwani Camp Site
Tsavo West
Ziwani Sisal Estates
Mudanda Rock
Ndi
Kedai
Ndome
Serengeti Plains
Lualenyi Camp
Taita Hills
Irima
Taveta
Mbuyuni
Mbuyuni Gate
Murka
Maktau Gate
Maktau
Murka Station
Wundanyi
Kigombo
Nghonji
Lumi
2205
140
C104
Kamleza
Mashoti
Bura
A23
Mwatate
Voi River
National Park
Salt Lick Lodge
Taita Hills Lodge
Unyasa
1879
Ubembe
Lake Jipe
Lake Jipe Lodge
Jipe Gate
Bobby's Lake Camp
Taita Hills Game Reserve
1332
Sagala H
Usangi
North Pare Mountains
Butu
Mara
2113
Kwakoa
Gitingeni
Mwatate
Gai Roc
Kilimanjaro
Vite Wini Campsite
Mkomazi-
1799
Buguru
Ibaya Camp
Umba
1740
Same
Zange Gate
1233
Chauka Campsite
Game
1900
Kisiwani
Njiro Gate
South Pare Mountains
Mwembe
Reserve
Mkanyeni
Shengena
2463
Gonja
Mpirani
B1
Chome
Makanya
Lake Kalimawe
Kamba
Kivingo
1437
Hemwera
2137
471
Tanga
Usambara Mountains
Kihurio
20 km
Hedaru
Malindi
2219
Lunguza
Lelwa
Mbuyuni
Remiti

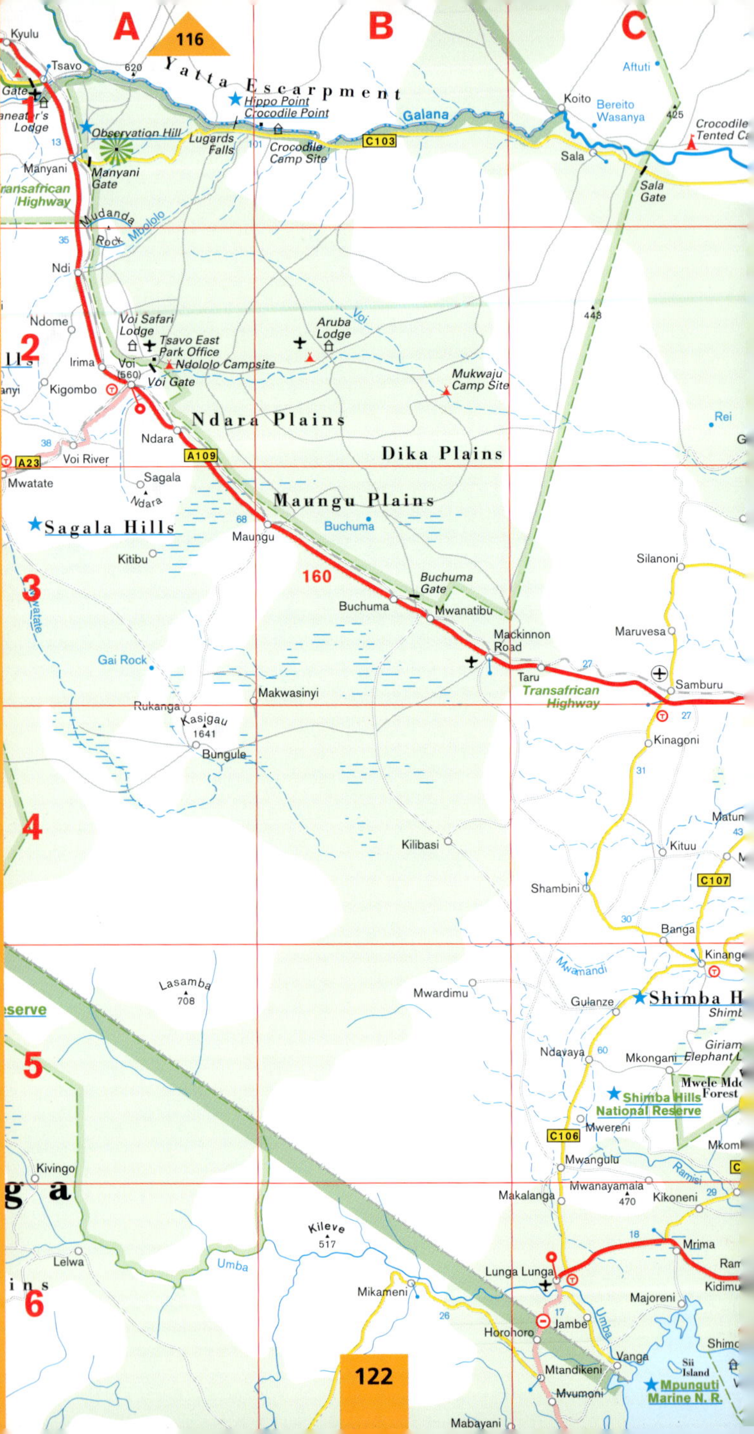

A
B
C
116
1
2
3
4
5
6
Kyulu
Tsavo
620
Yatta Escarpment
Hippo Point
Crocodile Point
Galana
Koito
Bereito
Wasanya
Aftuti
425
Crocodile
Tented Ca
Gate
Lodge
Observation Hill
Lugards
Falls
Crocodile
Camp Site
C103
Sala
Sala
Gate
Manyani
Manyani
Gate
Transafrican
Highway
Mudanda
Rock
Mbololo
Ndi
Ndome
Voi Safari
Lodge
Tsavo East
Park Office
Ndololo Campsite
Aruba
Lodge
Voi
443
Irima
Voi
(560)
Voi Gate
Kigombo
Mukwaju
Camp Site
Ndara Plains
Ndara
Dika Plains
Rei
Voi River
A23
A109
Mwatate
Sagala
Ndara
Maungu Plains
Sagala Hills
Maungu
Buchuma
Kitibu
160
Silanoni
Buchuma
Gate
Buchuma
Mwanatibu
Mackinnon
Road
Maruvesa
Gai Rock
Taru
Samburu
Transafrican
Highway
Makwasinyi
Rukanga
Kasigau
1641
Bungule
Kinagoni
Matun
Kilibasi
Kituu
C107
Shambini
Banga
Kinange
Mwamandi
Lasamba
708
Mwardimu
Gulanze
Shimba H
Shimb
Reserve
Ndavaya
Mkongani
Giriam
Elephant L
Mwele Mdo
Forest
Shimba Hills
National Reserve
Mwereni
C106
Mkom
Kivingo
Mwangulu
Ramisi
Mwanayamala
470
Makalanga
Kikoneni
Kileve
517
Mrima
Lelwa
Umba
Lunga Lunga
Ram
Kidimu
Mikameni
Majoreni
Jambe
Horohoro
Umba
Vanga
Shimo
Sii
Island
Mtandikeni
Mpunguti
Marine N. R.
Mvumoni
Mabayani
122

D
E
F
118
Koromi
Manyeso
Hell's Kitchen
Ramada
Robinson Island
Kibaoni
Ras Ngomeni
Mizijini
Dakacha
Marafa
Ngomeni
Gongoni
Kisiki Cha Mzungu
169
Matolani
Baricho
Galana
Garashi
Marikebuni
Ancient Arab City, Mosque, Koran School
Mambrui
Chakama
C103
Dagamra
Madungoni
Sabaki
Kakoneni
Jilore
Malindi
Ganda
Casuarina Point
Mwaga
Msabaha
Malindi National Marine Park
Mwahera
520
Mwahera
Arabuko Sokoke Forest
Gedi
Gedi Ruins (National Monument)
Vitengeni
Kavuluni
Watamu
Goshi
Shambweni
Mida Creek
Penda Kula
Watamu National Marine Park
Jila
Dida
Rare
Roka
Luswani
121
Sokoke
Bamba
324
Garze
Tezo
boni
C115
Mtondia
Sea Horse Hotel
Kilifi
Ndzoyuni
Jaribuni
Kilifi Creek
Mtulu
Mnarani
Minarani Club Hotel
Mkongoni
Takaungu
Mbongo
Mtsengo
Kibaoni
352
Galanema
Shauri Moyo
B8
Mnyenzeni
Gotani
C107
Kurwitu
Giriama
Mwarakaya
109
Kaloleni
Vipingo
Mariakani
Jimba
Gongoni
Kikambala Beach
Train
Ribe
Le Pichet Restaurant
Kikambala
C111
Kanamai
Mtwapa
Bara Hoyo
Tudor Creek
Mombasa Marine National Reserve
Mazeras
Rabai
Jumba La Tewa
Shimo la Tewa H.
Shimo La Tewa
Majengo
Bamburi Beach, Shanzu Beach
Miritini
Bamburi Nature Trail
Mombasa (Moi International)
Changamwe
Nyali
Nyali Beach
Mombasa Marine National Park
Port Reitz
MOMBASA
Likoni
Shelly Beach Hotel
A14
Shelly Beach
Ngombeni
Matuga
Waa
C106
Kwale
Gate
Sable Valley Wildlife Sanctuary
Tiwi Mosque
Tiwi Beach
Tiwi
Ras Mwachema
Diani
Diani Beach
98
Njele
Falls
Muhaka
Mbavu
Mwabungu
INDIAN
Gazi
Chale Point
Chale Island
Gazi Beach
Msambweni
Maftaha Bay
OCEAN
Kisimachande
Funzi Island
Funzi
Wasini
Kisite Marine NP
20 km
1
2
3
4
5
6

In diesem Register sind alle in diesem Führer erwähnten Orte und Ausflugsziele sowie wichtige Namen und Stichworte verzeichnet. Halbfette Seitenzahlen verweisen auf den Haupteintrag, kursive auf ein Foto.

Schreiben Sie uns!

Liebe Leserin, lieber Leser,

wir setzen alles daran, Ihnen möglichst aktuelle Informationen mit auf die Reise zu geben. Dennoch schleichen sich manchmal Fehler ein – trotz gründlicher Recherche unserer Autoren/innen. Sie haben sicherlich Verständnis, dass der Verlag dafür keine Haftung übernehmen kann. Wir freuen uns aber, wenn Sie uns schreiben.

Senden Sie Ihre Post an die MARCO POLO Redaktion,
Mairs Geographischer Verlag, Postfach 31 51, 73751 Ostfildern,
marcopolo@mairs.de

Impressum

Titelbild: Amboseli-Park, Giraffen vor dem Kilimandscharo (Huber: Schmid)
Fotos: W. Gartung (21, 25, 37, 39, 51, 54, 77, 78, 81, 87, 88, 92, 94); HB Verlag (91); Huber (4, 10); Huber: Schmid (6, 105); G. Jung (5 r., 20, 40); laif: Riehle (2 o., 5 l., 17, 26, 31, 38, 59, 66, 72, 74), Ulutuncok (64); Look: Martin (1, 7, 34); Mauritius: Pigneter (53), Reinhard (2 u.); M. Mauthe (68, 86); Schapowalow: Fahn (vorder Umschlag rechts, 58); Schwarz (24); M. Thomas (vorder Umschlag links und Mitte, 12, 15, 18, 22, 28, 33, 36, 44, 46, 62, 67, 70, 71, 82, 84), Touristik Marketing (76); Transglobe: Riethmüller (9)

8., aktualisierte Auflage 2005 © Mairs Geographischer Verlag, Ostfildern
Herausgeber: Ferdinand Ranft, Chefredakteurin: Marion Zorn
Redaktion: Jochen Schürmann, Bildredakteurin: Gabriele Forst
Kartografie Reiseatlas: © Mairs Geographischer Verlag/Falk Verlag, Ostfildern
Gestaltung: red.sign, Stuttgart
Sprachführer: in Zusammenarbeit mit Ernst Klett Sprachen GmbH, Stuttgart, Redaktion PONS Wörterbücher

Printed in Germany. Gedruckt auf 100% chlorfrei gebleichtem Papier

Bloß nicht!

Es stimmt: Wilde Tiere sind wild, und die Äquatorsonne brennt heißer

Die Äquatorsonne unterschätzen

Vor allem am Strand kann schon ein kurzes ungeschützt genossenes Sonnenbad ausreichen, um den ganzen Urlaub zu verderben. Die Äquatorsonne ist intensiv und tückisch.

FKK

Nacktbaden und -sonnen ist offiziell verboten. An der Küste sind Touristinnen, die oben oder gar unten ohne am Strand lagen, gelegentlich – so, wie sie waren – von dienstbeflissenen Gesetzeshütern zum nächsten Gericht gefahren worden.

Gedankenlos alles fotografieren

Fotografieren Sie in Kenia nicht unüberlegt jeden Menschen, auch wenn Sie es noch so gerne möchten! »Fotografieren der Masai verboten«, warnen Hinweisschilder im Amboseli-Nationalpark. Verboten ist außerdem das Fotografieren »strategischer Objekte« wie Flughäfen, Häfen, Brücken und Soldaten.

Im Park aus dem Auto aussteigen

Immer wieder kommt es vor, dass Touristen schwer verletzt oder sogar getötet werden, weil sie meinten, der Löwe hätte so zahm wie die Filmlöwin Elsa ausgesehen. Das Verbot, in den Wildreservaten und Parks den Wagen zu verlassen und spazieren zu gehen, außer an ausdrücklich dafür vorgesehenen Plätzen, wurde nicht von ungefähr erlassen. Halten Sie sich daran!
In den meisten Lodges und Hotelanlagen gehören Affen zu den alltäglichen, neugierigen Besuchern. Aber Vorsicht, auch sie sind keine zahmen Haustiere! Sie sollten auf keinen Fall gefüttert werden.

Leitungswasser trinken

Auf keinen Fall sollten Sie Wasser aus der Leitung trinken, vorsichtshalber auch nicht in den besten Hotels. Mineralwasser, in Flaschen abgefüllt und verschlossen, ist die bessere Alternative – auch zum Zähneputzen.

Malariaprophylaxe vergessen

In Malariagebieten, in Kenia vor allem an der Küste, wäre es leichtsinnig, keine Prophylaxe anzuwenden. Malaria ist weltweit wieder auf dem Vormarsch und sie kann tödlich sein. Die beste Vorbeugung ist es, zu vermeiden, gestochen zu werden. Tragen Sie bei Dunkelheit lange Ärmel und lange Hosen und benutzen Sie ein Mückenschutzmittel. Bei Fieber und Schüttelfrost müssen Sie in jedem Fall sofort einen Arzt konsultieren.

Wie Flugzeuge fliegen

Robert Sheehan

Inhalt

Wörter, die **fett** gedruckt sind, werden auf Seite 31 erklärt.

Lange träumten die Menschen davon, frei wie die Vögel hoch durch die Lüfte zu fliegen.

Von Anbeginn der Zeit betrachtete die Menschheit den Himmel mit Staunen. Zu fliegen wie die Vögel schien eine fantastische Fähigkeit – den Menschen jedoch unmöglich. Dennoch wurden über Tausende von Jahren immer wieder erfolglos Flugversuche unternommen. Man glaubte, nur Götter und Fantasiehelden könnten fliegen.
Das Technologiezeitalter verlieh den Menschen jedoch die Mittel, neue Wege zu beschreiten. Inzwischen ist das Universum zu unserer Spielwiese der Zukunft geworden.

Doch wie gelang es der Menschheit zu fliegen?

Von Drachen und Gleitern

Die erste geschichtliche Erwähnung eines Flugdrachens stammt aus dem China des 5. Jahrhunderts v. Chr. Diese ersten Drachen hatten noch Flügel wie Vögel.

Hängegleiter haben meist die Form von großen Drachen. Sie brauchen konstanten Aufwind, um zu fliegen. Nur wenn sie sich in die aufsteigenden Luftströme drehen, können sie sich in der Luft halten.

Am vorderen Teil eines Drachens ist eine lange Schnur befestigt. Um einen Drachen steigen zu lassen, muss er in einen kräftigen Wind gestellt werden.

Ein Hängegleiter

Gute Aufwinde für Hängegleiter gibt es entlang hoher Felsen oder Klippen. Beim Fliegen stützt sich der Pilot auf einen Aluminiumrahmen. Durch das Einsetzen seines Körpergewichtes steuert er Höhe und Richtung des Fluges.

Segelflugzeuge müssen mithilfe eines Seiles von Motorflugzeugen in die Luft geschleppt werden. Der Segler gleitet dann zurück zur Erde und kann dabei große Entfernungen überwinden. Der Pilot kontrolliert die Flugrichtung und die Landung. Manchmal können Segelflugzeuge auch Aufwinde nutzen, um an Höhe zu gewinnen.

Ein Segelflugzeug

Heißluftballons

Die Chinesen entdeckten schon vor Jahrhunderten, dass heiße Luft leichter ist als kalte: Sie beobachteten den Rauch, der über einem offenen Feuer aufsteigt. Erste Experimente mit Heißluftballons führten die Chinesen vor rund 1100 Jahren durch.

Vor 800 Jahren nutzte der chinesische Heerführer Chu Ko Liang Kong-Ming-Laternen, um während einer Schlacht Signale zu übermitteln. Diese Laternen haben einen mit Reispapier bespannten Bambusrahmen. Die warme Luft einer Kerze bringt sie zum Aufsteigen.

Eine Kong-Ming-Laterne

Ballons bestehen aus einer speziellen Kunststofffaser.

Im Korb befinden sich die Passagiere und der Pilot, der den Brenner kontrolliert.

Moderne Heißluftballons bestehen aus reißfesten, extra leichten Materialien wie etwa ‚Nylon'. Gasbetriebene Brenner erhitzen die Luft, die in den Ballon aufsteigt. Der Pilot befindet sich im Korb darunter. Ganz oben am Ballon gibt es eine Klappe, die er mithilfe langer Leinen öffnen kann. So kontrolliert er die Menge an heißer Luft im Ballon und hat Einfluss auf die Höhe. Dennoch: Heißluftballons werden vom Wind bewegt und lassen sich praktisch nicht steuern.

Die erste bemannte Fahrt eines Heißluftballons fand in den frühen 1780ern statt.

Luftschiffe

Heißluftballons sind wegen der offenen Flammen gefährlich. 1785 überquerten zwei Männer den Ärmelkanal mit einem Ballon voller Wasserstoff – ein Gas, das leichter ist als Luft. Später entwarf man **stromlinienförmige** Luftschiffe.

Während der ersten Hälfte des 20. Jahrhunderts baute man Motoren und Bedienelemente ein, um die Luftschiffe anzutreiben und zu steuern. Die Passagiere befanden sich in der Gondel darunter. Doch die Luftschiffe waren gefährlich, denn Wasserstoff ist leicht brennbar. Als 1937 das Luftschiff Hindenburg explodierte, markierte dies das Ende der Luftschiff-Ära.

Die Hindenburg

Luftschiffe mit **biegesteifem Rahmen** nannte man Zeppeline. Sie führten gasgefüllte Tanks mit sich. 1923 flog das erste mit Helium betriebene Luftschiff in der USA. Es gab jedoch häufig Unfälle – oft auch durch stürmisches Wetter.

Das Innere eines Zeppelins

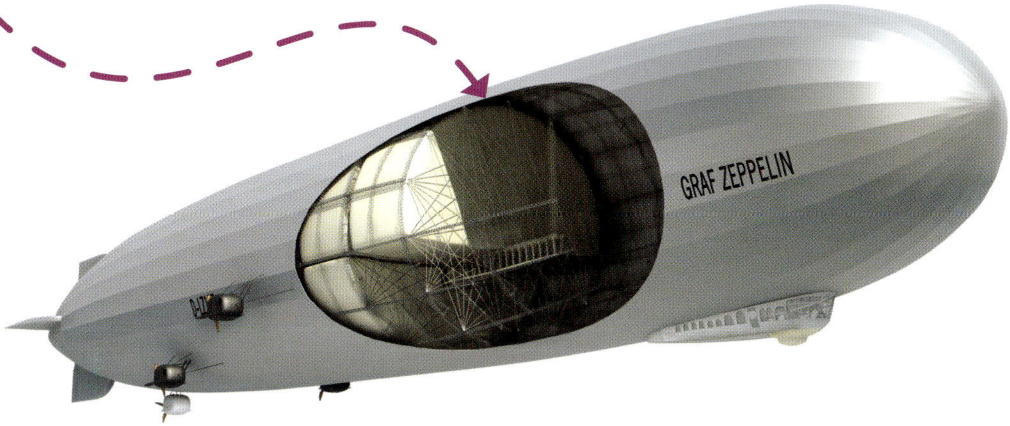

Luftschiffe ohne biegesteifem Rahmen heißen Blimp oder Prallluftschiff. Normalerweise werden sie mit Helium betrieben. Um Passagiere zu transportieren, wurden auch einige moderne Heißluft-Blimps gebaut. Aber alle fahren langsam und werden nur für Besichtigungstouren genutzt.

Das Innere eines Blimps

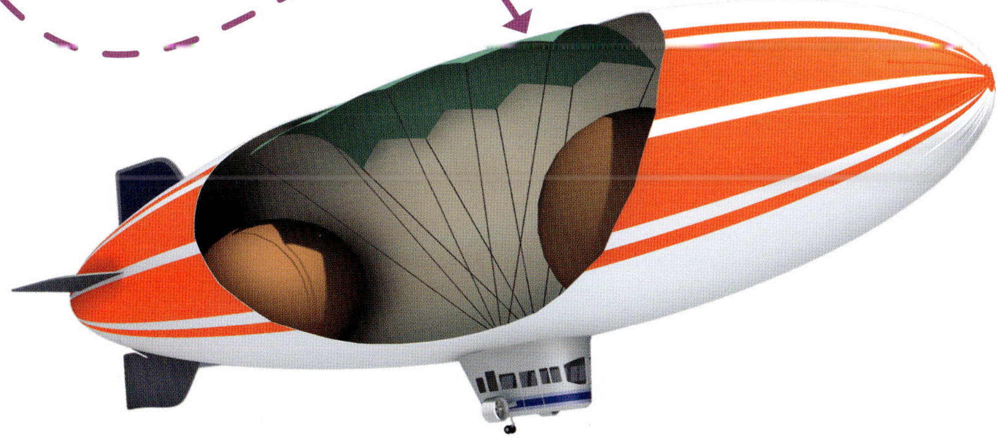

Wie Dinge fliegen

Das Beobachten von Drachen und ihres Verhaltens in der Luft führte zu einem verbesserten Flügeldesign und vielleicht sogar zu der Entwicklung von Fluggeräten, die schwerer sind als Luft.

In der zweiten Hälfte des 19. Jahrhunderts testete man das Verhalten von Luftströmen an speziell konstruierten Flügeln. Dabei zeigten die schnellen Luftströme über dem Flügel, dass es eine aufsteigende Kraft gibt, die die Schwerkraft überwinden kann. Diese Kraft heißt Auftrieb. Der schnelle Luftstrom erzeugte einen niedrigeren Luftdruck oberhalb des Flügels als unterhalb.

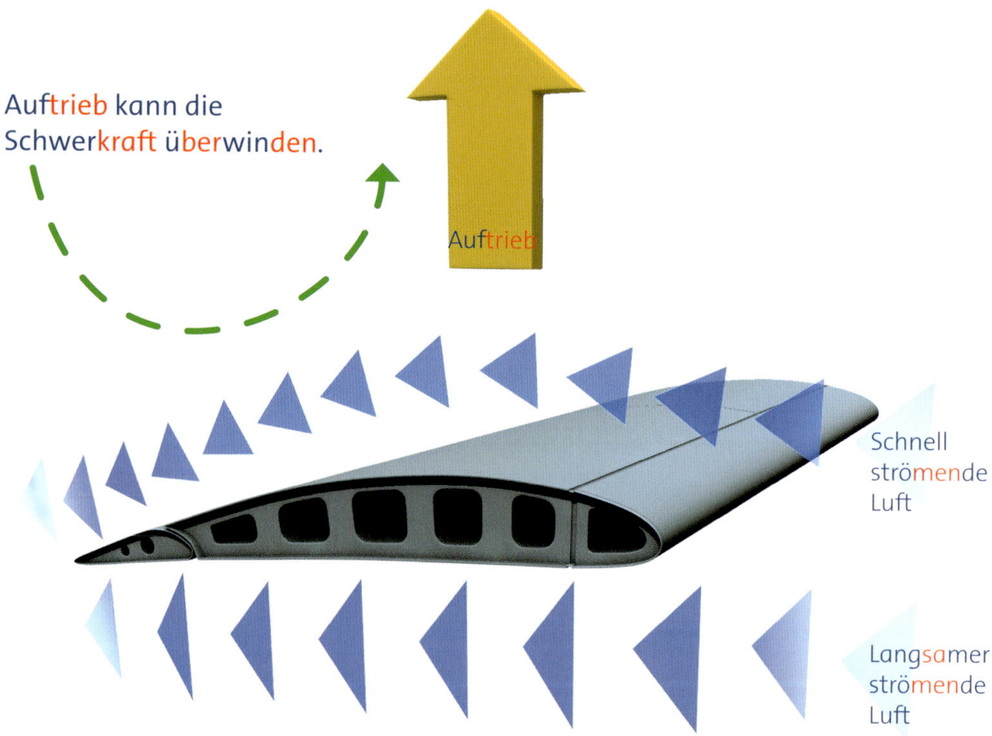

Auch bei der Entwicklung von Motoren und Propellern wurden Fortschritte gemacht. Endlich konnte die Beschleunigungskraft auf ein Flugzeug übertragen werden. Die Propeller bewegen ein Flugzeug vorwärts. Sobald es am Boden schnell genug ist, wird die Geschwindigkeit der Luftströmung oberhalb der Flügel so groß, dass der Luftdruck unterhalb ausreicht, um das Flugzeug abheben zu lassen.

Flugkontrollen

Die Kontrolle von Geschwindigkeit, Richtung und Höhe ist entscheidend für einen sicheren Flug. Es gibt vier wichtige Kontrollmechanismen. Die Schubkraft wird durch den Schubhebel kontrolliert und die horizontalen Bewegungen rechts und links durch das Seitenruder. Ob sich die Nase hebt oder senkt, wird mittels des Höhenruders bestimmt. Ob sich das Flugzeug nach rechts oder links neigt, bestimmt das Querruder.

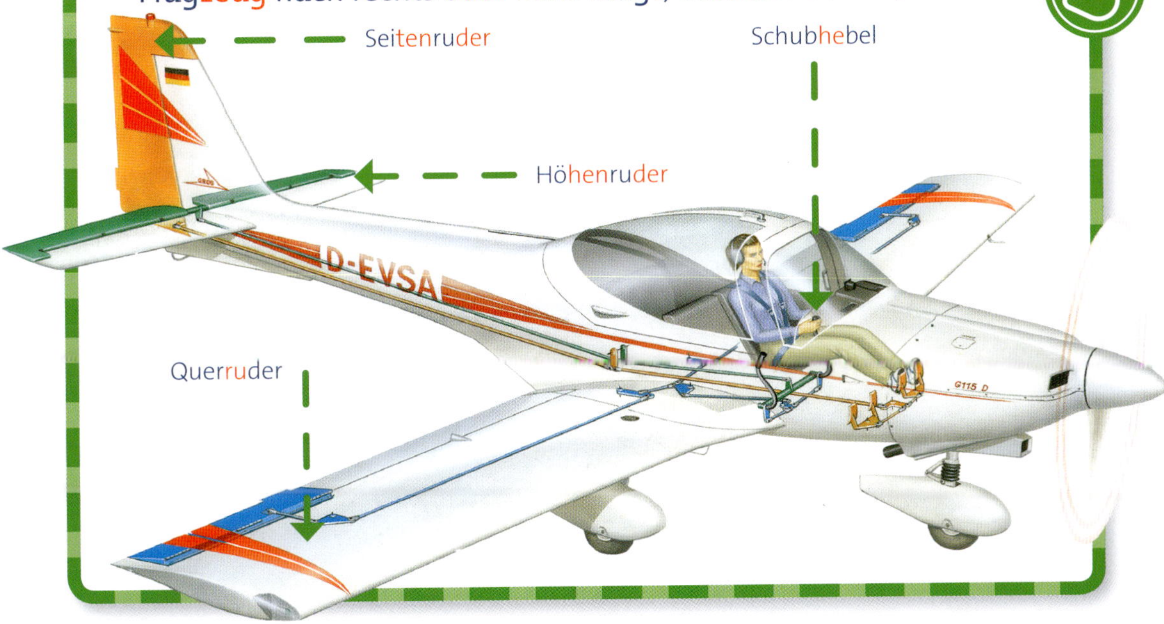

Die ersten Flugzeuge

‚Orville Wright' war der erste Mensch, der mit einem Motorflugzeug abhob. Das war 1903. Sein Flug dauerte 12 Sekunden und dabei flog er 36,5 m weit. Zusammen mit seinem Bruder ‚Wilbur' hatte er das Flugzeug entworfen und gebaut. Das Flugzeug hatte einen Benzinmotor, der aus verhältnismäßig leichten Metallteilen bestand und mit Wasser gekühlt wurde. Der Motor trieb beide Propeller des zweiflügeligen **Doppeldeckers** an. In den zwei Jahren danach verbesserten die Brüder das Flugzeug, bis es fast 30 Minuten in der Luft bleiben konnte.

‚Orville Wrights' erster Flug

Ein großer vierflügeliger Propeller

1914 flog Igor Sikorsky mit seiner dreiköpfigen Besatzung in einem technisch weiterentwickelten Doppeldecker. Er legte eine Entfernung von 1290 km zurück und brauchte dafür etwas mehr als 14 Stunden. Sein Flugzeug hatte vier Leichtbau-Motoren, die jeweils einen zweiflügeligen Propeller antrieben.

Wie Propeller funktionieren

Propeller bewegen ein Flugzeug vorwärts. Ein Motor dreht die speziell geformten Propellerblätter mit hoher Geschwindigkeit. Dadurch nimmt der Luftdruck vor den Propellern ab. Es entsteht ein Sog, der das Flugzeug durch die Luft zieht.

Militärflugzeuge

Im Ersten Weltkrieg begann man, bessere und schnellere Flugzeuge zu entwickeln. Die erste Luftschlacht wurde 1915 ausgefochten. Luftkämpfe wurden in der Regel von dem Piloten gewonnen, der am schnellsten abdrehen, aufsteigen, abfallen und sich um die Längsachse drehen konnte.

Kampfflugzeuge waren ursprünglich Doppeldecker mit hölzernem Rahmen. Im Verlaufe des Krieges wurde ihre Form immer **aerodynamischer**. Man verwendete außerdem stabilere Materialien, so dass sie den bei schnellen Luftmanövern auftretenden Kräften besser standhalten konnten. Der Rahmen und die Beschichtung der Junkers J 7 zum Beispiel war ganz aus Metall. Sie wurde 1916 gebaut.

Junkers freitragender Tiefdecker

Das Flugzeug des Roten Barons konnte eindrucksvolle Luftmanöver durchführen.

Der Rote Baron

Der beste Kampfpilot Deutschlands hieß Manfred von Richthofen. Er flog einen unverkennbaren roten Fokker Dreidecker. Er verzeichnete 80 Siege, bevor er abgeschossen wurde. Das Flugzeug hatte einen Stahlrahmen und war mit Leinen bespannt. Es war langsamer und kleiner als die meisten anderen Flugzeuge, konnte aber Richtung und Höhe schnell ändern.

Das Düsentriebwerk

Auch nach dem Ersten Weltkrieg wurden die Flugzeuge weiter verbessert – Luftrennen wurden immer beliebter. **Eindecker** waren oft mit starken Umlaufmotoren ausgestattet, doch trotzdem träumten die Piloten von kraftvolleren Motoren und höheren Geschwindigkeiten. Das Düsentriebwerk wurde 1939 entwickelt.

Das erste Turbojet-Flugzeug, die Heinkel He 178, hatte keine Propeller. Stattdessen saugte ein Turbinen-Luftstrahl-Triebwerk die Umgebungsluft an und „schob“ das Flugzeug mit 600 km in der Stunde vorwärts. Andere Düsentriebwerke wurden von britischen und deutschen ‚Ingenieuren‘ für Militärflugzeuge entwickelt. Dazu gehört auch die Messerschmitt Me 262.

Messerschmitt Me 262

Turbokraft

In einem Turbinen-Luftstrahl-Triebwerk wird die Schubkraft durch das explosionsartige Ausstoßen von **Abgasen** erzeugt. Rotierende Lüfterblätter vorn am Flugzeug saugen Luft an. Im Kompressor wird die Luft **verdichtet**. In der Brennkammer wird der verdichteten Luft Kraftstoff zugeführt. Dieses Gemisch wird beim Start gezündet. Dadurch entstehen Abgase. Sie werden in der Schubdüse auf hohe Geschwindigkeiten beschleunigt und ausgestoßen.

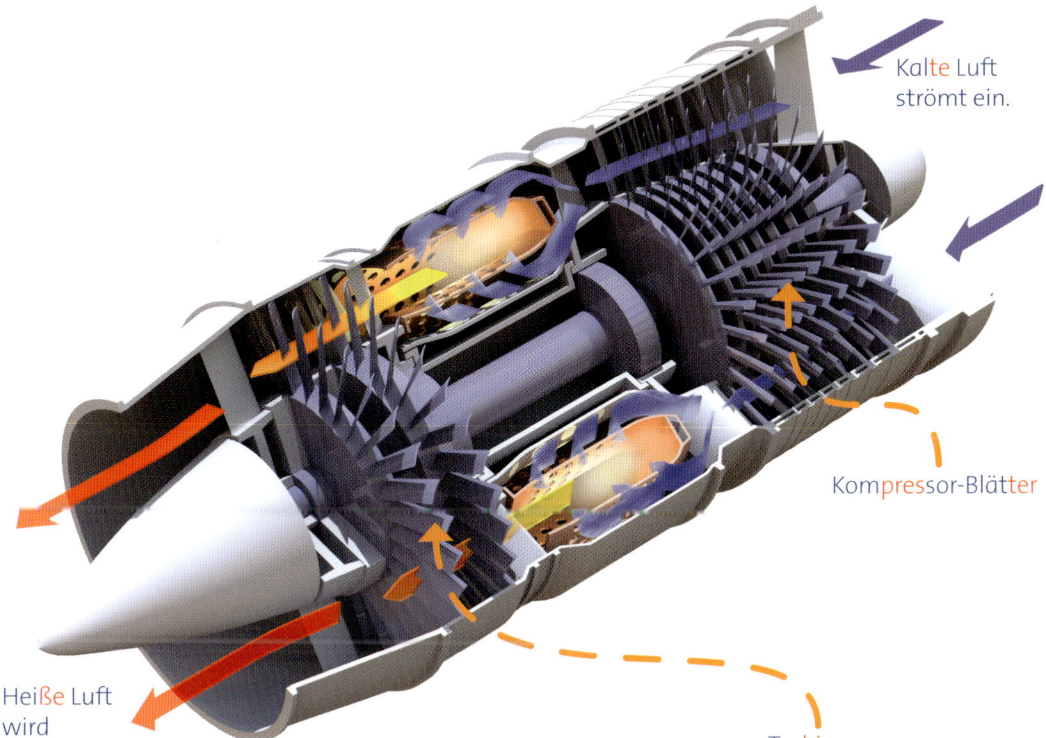

Ein Turbinen-Luftstrahl-Triebwerk

Passagierflugzeuge

Während des Krieges dienten Flugzeuge dazu, Bomben, Ausrüstung und Passagiere zu transportieren. Um mit schwereren Ladungen fliegen zu können, wurden größere Flugzeuge gebaut. Flügel, Motoren und Kontrollmechanismen wurden weiter verbessert und die Sicherheit der Passagiere wurde immer wichtiger.

Das erste Passagierflugzeug war der Doppeldecker ‚Handley Page' W.8. Sie wurde 1919 gebaut und beförderte 15 Passagiere. 1935 transportierte die Zwei-Propeller-Maschine ‚Douglas' DC-3 bereits 21 Passagiere sicher und zuverlässig.

1950 wurden erstmals Düsenflugzeuge bei den Fluglinien eingesetzt. Es waren Maschinen des Typs DH 106 Comet. Die ‚Boeing' 707 kam in den späten 1950ern zum Einsatz.

DH 106 Comet

Untersuchung eines Flugzeugabsturzes

Das Flugzeugmodell DH 106 Comet erlebte gleich eine Serie von katastrophalen Abstürzen. Das Passagierflugzeug hatte Platz für 36 Passagiere und flog in einer Höhe von 12 000 m. Probleme mit der Druckkabine führten zu Haarrissen. Der Flugzeugkörper sowie die Flugzeughaut waren zu schwach, um den hohen Belastungen längere Zeit standzuhalten.

Sicherheit geht vor

Es wird geschätzt, dass jedes Jahr 600 Millionen Menschen an den 10 verkehrsreichsten Flughäfen der Welt ankommen oder abfliegen. Seit 2002 kamen auf 1 Million Abflüge nur drei Unfälle. Das bedeutet, Fliegen ist die sicherste Art zu reisen. Wie kommt es zu diesem hohen Maß an Sicherheit?

Die ‚Blackbox'

Heutzutage hat jedes Passagierflugzeug eine ‚Blackbox'. Sie ist so gebaut, dass sie fast jeden Unfall übersteht – auch Feuer oder einen Sturz ins Meer. In ihrem Inneren befindet sich ein Flugdatenschreiber und ein Gerät, das die Gespräche im Cockpit aufzeichnet. Nach jedem Unfall werden alle Daten genau überprüft. So lassen sich zukünftige Unfälle vermeiden.

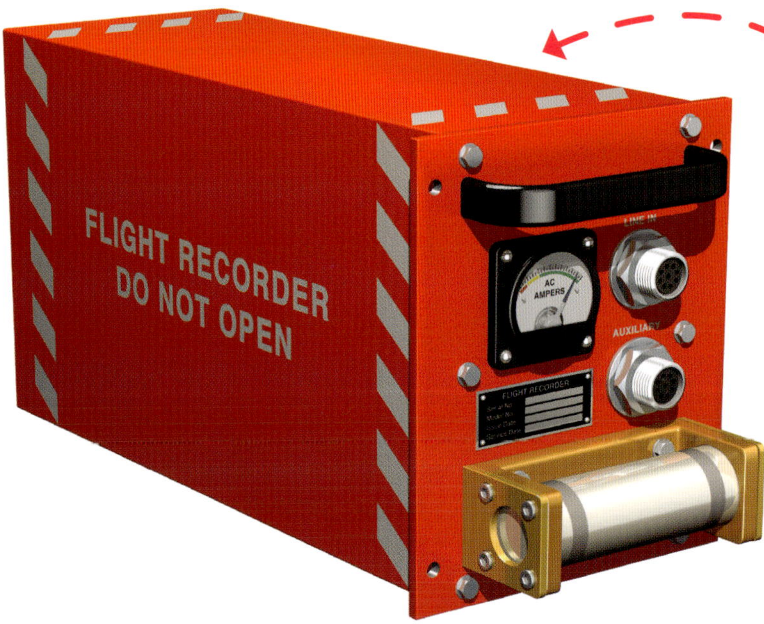

Die ‚Blackbox' ist nicht schwarz, sondern orange. So ist sie an der Absturzstelle besser sichtbar.

Der ‚Tower' (Kontrollturm)

Das automatische Landesystem

Große Passagierflugzeuge fliegen fast bei jedem Wetter und bei fast allen Sichtverhältnissen. Piloten brauchen Hilfe, um auch sicher landen zu können, wenn die Bedingungen nicht optimal sind. Passagierflugzeuge nutzen das Instrumenten-Lande-System (ILS). Mithilfe von Funkwellen und speziellen Lichtsignalen führt es den Landeanflug durch. Zusätzlich geben Fluglotsen im ‚Tower' den Piloten über Funk Anweisungen.

Die Schallmauer

Während des Zweiten Weltkrieges bemerkten Kampfpiloten, dass bei Schallgeschwindigkeit (1220 km/h) Druckwellen das Flugzeug in Schwingungen versetzten. Um die Kontrolle wiederzuerlangen, mussten sie die Geschwindigkeit drosseln. Es schien fast so, als gäbe es bei Schallgeschwindigkeit eine unsichtbare Mauer. 1947 durchbrach jedoch das Experimentalflugzeug Bell X-1 diese Schallmauer. Um diese Rekordgeschwindigkeit zu erreichen, wurde ihr Raketenantrieb für 2,5 Minuten gezündet.

Mach 1 ist die Maßeinheit der Schallgeschwindigkeit. Bei einer Geschwindigkeit von Mach 1 holt ein Flugzeug seinen eigenen, sich vor ihm bewegenden Schall ein. Der Schall ist eine sich bewegende Druckwelle. Durchbricht das Flugzeug diese Barriere, gibt es einen lauten Knall.

Bell X-1

Die ‚Concorde'

Bewegliche Nase

Die ‚Concorde' war das einzige **Überschall-Passagierflugzeug**, das es je gab. Sie hatte vier Düsentriebwerke für eine Reisegeschwindigkeit von fast Mach 2 – die doppelte Schallgeschwindigkeit. Sie hatte eine bewegliche Nase, um die Sicht und ihre Stromlinienform zu verbessern. Sie wurde von 1969 bis 2003 eingesetzt.

Schneller Start, schneller Stop

Die F/A-18 Hornet fliegt mit Mach 1,5. Weil sie einen Katapultstart machen kann und bei der Landung von einem Stahlseil abgefangen wird, kann sie auf einem **Flugzeugträger** starten und landen. Sie beschleunigt von 0 auf 265 km/h in zwei Sekunden.

Geschwindigkeit ist nicht alles

Im 4. Jahrhundert hatten chinesische Gelehrte die Idee, eine Maschine mithilfe von rotierenden Flügeln in Bewegung zu setzen. Diese Idee hat möglicherweise Leonardo ‚da Vinci' vor 500 Jahren zu seinen Skizzen inspiriert. Er entwarf einen propellerartigen Apparat, der dazu gedacht war, vom Boden abzuheben.

Leonardo ‚da Vincis' Entwurf einer Flugmaschine

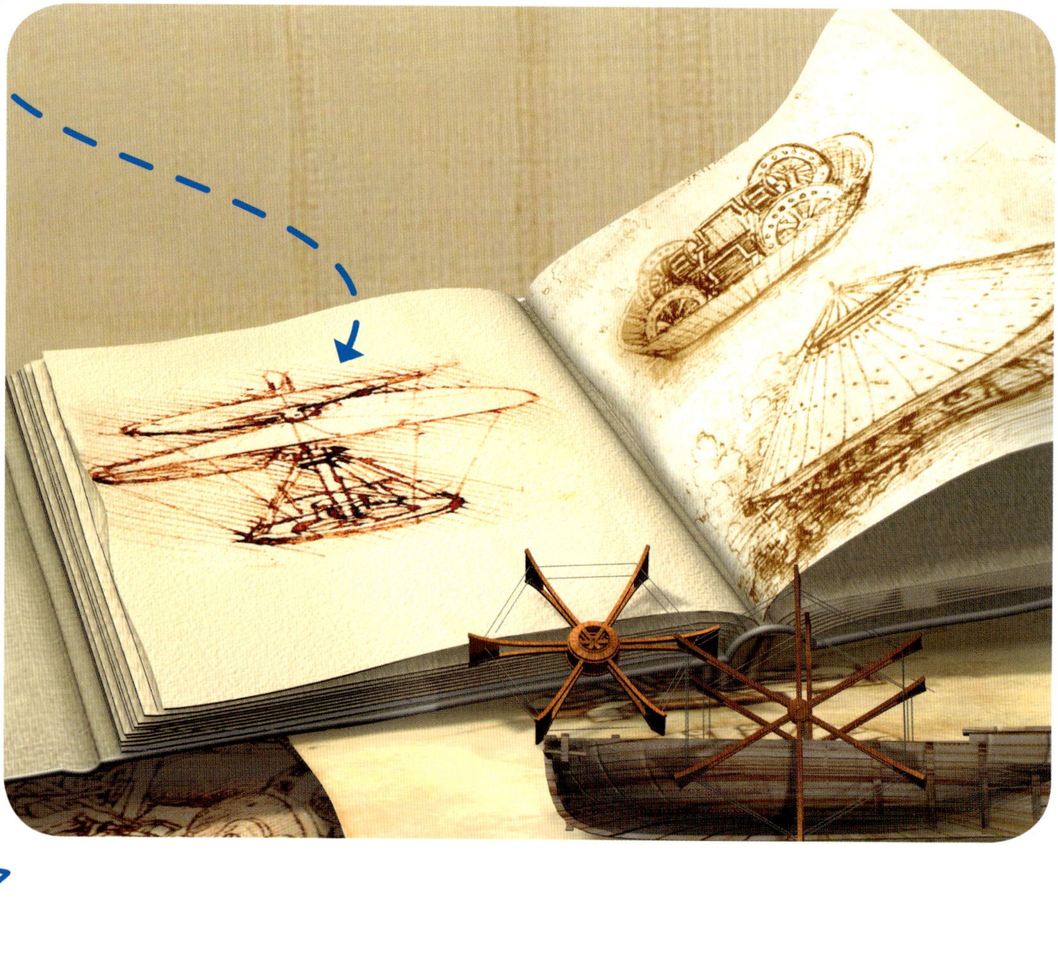

Sikorsky R-4

Flugzeuge müssen sich vorwärtsbewegen, um in der Luft zu bleiben. Dazu braucht man Propeller, mit deren Hilfe die Schubkraft erzeugt wird. 1939 wurden die Propeller maßgeblich verbessert. Ebenfalls 1939 entwarf Igor Sikorsky seinen Hubschrauber VS-300 mit großen, waagerechten Rotoren, um senkrecht abzuheben. Auf diesem Modell basieren alle späteren Hubschrauber. Sie können in der Luft stehen bleiben und auf engstem Raum landen.

Flugzeuge mit Kipprotoren

Propeller bewegen ein Luftfahrzeug vorwärts, Rotoren bewegen es aufwärts. Es dauerte nicht lange und man baute ein Flugzeug, bei dem beides kombiniert wurde. Der Kipprotor schwenkt die Rotoren in den gewünschten Winkel – auf diese Weise sind Senkrechtstarts und -landungen möglich, aber auch normales Fliegen.

Der Raketenantrieb

Nicht lange nach der Entdeckung des Schießpulvers nutzten die Chinesen seine explosive Wirkung für Feuerwerke. Feuerwerksraketen gab es schon im 13. Jahrhundert. In späteren Zeiten wurden auch Waffen gebaut, die Feuerwerkskörpern ähnlich waren. Stets auf der Suche nach einer neuen Herausforderung griffen schließlich im frühen 20. Jahrhundert Flugzeugentwickler und ‚Ingenieure' nach den Sternen.

1926 schoss ‚Robert Goddard' die erste mit Flüssigtreibstoff angetriebene Rakete ab. Er träumte davon, eine Rakete ins **Vakuum** des Weltraums zu schießen. Er war sich sicher, dass Raketen im All keinen Luftwiderstand haben würden und er behielt recht.

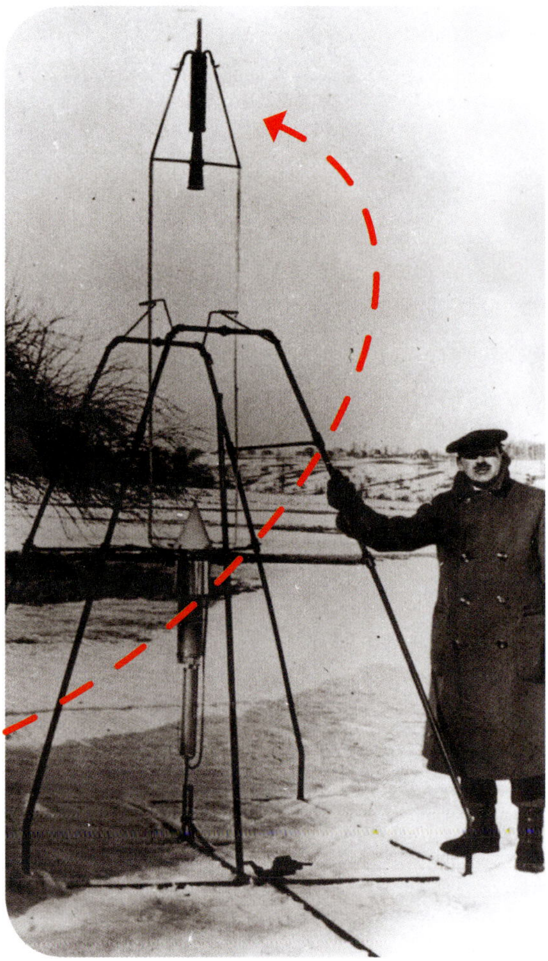

1926: ‚Robert Goddard' neben der ersten mit Flüssigtreibstoff angetriebenen Rakete

Düsentriebwerke nutzen die Luft um sie herum, Raketen tun dies aber nicht. Deshalb führen Raketen beides mit sich: den benötigten Treibstoff und den Sauerstoff, um den Treibstoff zu verbrennen.

In einer Rakete erfolgt der Gasausstoß mittels einer speziellen **Düse**. Dadurch kann mehr Schubkraft erzeugt werden als in einem Flugzeug.

V2-Rakete

Die V2-Rakete wurde in Deutschland während des Zweiten Weltkriegs eingesetzt. Sie konnte über eine Entfernung von 290 km explosive Sprengkörper zu ausgewählten Zielen tragen.

Der Weltraum

Der russische **Kosmonaut** Yuri Gagarin war der erste Mensch, der mithilfe einer Rakete ins All geschossen wurde. Das war 1961. Er umrundete die Erde einmal. 14 Minuten nach dem Start erfolgte die Abtrennung der mächtigen Trägerrakete von Gagarins **Raumkapsel**. Er befand sich nun in einer Umlaufbahn um die Erde. Im All gibt es keine Atmosphäre, die eine Raumkapsel abbremsen würde, deshalb braucht man dort keine Schubkraft.

Nach etwa einer Stunde zündete Gagarin die Bremsraketen, um seine Raumkapsel wieder zurück in die Erdatmosphäre zu bringen. Während des Wiedereintritts wurde die Außenseite der Kapsel sehr heiß, doch sie landete sicher.

Gagarins Raumkapsel

Die Raumfähre ‚Columbia' war das erste wiederverwendbare Raumfahrzeug der Welt. Sie sah aus wie ein Flugzeug. 1981 wurde die ‚Columbia' mit einer siebenköpfigen Mannschaft von zwei Antriebsraketen ins All geschossen. Als die Klammern gelöst wurden, brachten die Triebwerke die Raumfähre in den Weltraum. Schließlich trat das Schiff wieder in die Erdatmosphäre ein, setzte auf der Landebahn auf und wurde von einem riesigen Fallschirm gebremst. 2009 waren bereits drei Raumfähren in Betrieb, und für die Zukunft sind noch mehr geplant.

Die erste Raumfähre, die ‚Columbia'

Genug Weltraum für alle?

Der Weltraum ist auch für Privatleute in erreichbare Nähe gerückt. 2004 flog bereits ein privates Raumschiff in den Orbit. In naher Zukunft soll es wieder einen Flug ins All geben. Die Flugscheine für die sechs Passagiere sind schon verkauft worden. Vor zweitausend Jahren mussten sich die Vögel den Himmel nur mit ein paar Drachen teilen. In der Zwischenzeit ist er voller verschiedener Luftfahrzeuge. Der Weltraum wird immer mehr Menschen zugänglich gemacht. Doch gibt es da draußen auch viel Weltraumschrott, der beseitigt werden muss. Ob am Ende genug Platz für alle da sein wird?

2004 fand bereits der erste bemannte Privatflug im ‚SpaceShipOne‘ statt.

Worterklärungen

Abgase	Gase, die bei der Verbrennung des Treibstoff-Luft-Gemisches im Düsentriebwerk entstehen
aerodynamisch	etwas ist so geformt, dass es wenig Luftwiderstand bietet
biegesteifer Rahmen	hier: Luftschiffgerippe aus festen Holz- oder Aluminiumstäben
Doppeldecker	ein Flugzeug mit zwei Paar Tragflächen
Düse	kleine Öffnung in einem Hochdruckbehälter
Eindecker	Flugzeug mit einem Paar Tragflächen
Flugzeugträger	ein großes Schiff, auf dem Flugzeuge starten und landen können
Kosmonaut	russischer Raumfahrer
Raumkapsel	bemanntes Raumfahrzeug zur Fortbewegung im Weltraum
stromlinienförmig	siehe aerodynamisch
Überschall	schneller als die Schallgeschwindigkeit
Vakuum	luftleerer Raum
verdichten	etwas zusammendrücken, sodass es weniger Raum einnimmt

Stichwortverzeichnis